STÉPHEN COUBÉ

Dédié aux négociateurs de la paix victorieuse

Alsace, Lorraine

et

France rhénane

EXPOSÉ DES DROITS HISTORIQUES DE LA FRANCE
SUR TOUTE LA RIVE GAUCHE DU RHIN

Avec Préface de M. Maurice BARRÈS

> *Je vous apporte le baiser
> de la France.*
> (Général JOFFRE,
> aux habitants de Thann.)

PARIS

P. TÉQUI, THIELLEUX, LIBRAIRE-ÉDITEUR

10, RUE CASSETTE, 10

OUVRAGES DE L'ABBÉ COUBÉ

Librairie P. LETHIELLEUX, 10, rue Cassette

L'Ame de Jeanne d'Arc, panégyriques et discours religieux (6ᵉ édition).......................... **4** »

Jeanne d'Arc et la France, conférences et discours patriotiques (3ᵉ édition).................... **2** »

Discours de mariage (4ᵉ édition)..................... **3** »

Gloires et Bienfaits de l'Eucharistie (5ᵉ édition).. **3.50**

Gloires et Bienfaits de la Sainte Vierge (4ᵉ édit.). **3.50**

Gloires et Bienfaits des Saints (2ᵉ édition)........ **3.50**

Nos Alliés du Ciel (5ᵉ édition).................... **3** »

L'Épopée de Jeanne d'Arc, en 10 chants, par l'abbé S. Coubé, et en 10 tableaux, par le commandant Liénard. In-8 écu (10 gravures en couleur)................. **2** »

Alsace, Lorraine et France rhénane. Exposé des droits historiques de la France sur toute la rive gauche du Rhin. Préface de M. Maurice Barrès. In-12................ **2** »

Les Gloires de la France et les Crimes de l'Allemagne. Antagonisme séculaire de la France et de l'Allemagne. In-12.............................. **3.50**

La Communion hebdomadaire (12ᵉ mille. Librairie Téqui).. **1.50**

L'Idéal. Revue mensuelle d'études religieuses, apologétiques et sociales. Directeur : M. l'abbé Coubé. (Bureaux, 29, rue Chevert.)

France............. **4** » Étranger (U. P.)... **5** »

Paris. — Devalois, 144, av. du Maine (11 dans le passage).

Alsace, Lorraine

et France rhénane

S<small>TÉPHEN</small> **COUBÉ**

Dédié aux négociateurs de la paix victorieuse.

Alsace, Lorraine
et France rhénane

EXPOSÉ DES DROITS HISTORIQUES DE LA FRANCE
SUR TOUTE LA RIVE GAUCHE DU RHIN

*Je vous apporte le baiser de la
France.*
(Général J<small>OFFRE</small>
aux habitants de Thann.)

PARIS
P. LETHIELLEUX, LIBRAIRE-ÉDITEUR
10, RUE CASSETTE, 10

TABLE DES MATIÈRES

Pages

PRÉFACE.. IX

I

INTRODUCTION

La montagne de Sainte-Odile...................... 1
Les provinces cisrhénanes 3
L'irrédentisme français 6
Le nom de « France rhénane »..................... 9

II

NOTRE INTÉRÊT NATIONAL

Intérêt d'ordre militaire........................ 12
Intérêt d'ordre économique 15

III

NOTRE DROIT HISTORIQUE

L'intérêt corrobore le droit 20
Valeur du droit historique 21
Le Rhin « décret de Dieu » (Napoléon)........... 23
Droit et intérêt................................ 27
Le vœu des populations 28
Nous l'avons eu, votre Rhin allemand !.......... 31
Le Rheingelüst, « le désir du Rhin » 35

IV

LA RIVE GAUCHE JUSQU'AU Xᵉ SIÈCLE

Période celtique................................ 37
Période gallo-romaine........................... 40
Invasions et infiltrations germaniques.......... 44
Période franque 51

ALS. LOR. — a (*)

V

L'USURPATION GERMANIQUE

Pages

La rive gauche devient germanique...................... 54
Protestations de la France........................... 56
La campagne de Henri II............................ 60

VI

LA PREMIÈRE RECONQUÊTE
DE L'ALSACE

Les visées de Richelieu sur le Rhin.................... 63
L'Alsace offerte à la France......................... 64
Le traité de Westphalie et l'Alsace................... 65
La campagne de Turenne............................ 67
La France gagne le cœur de l'Alsace.................. 68
L'Alsace, « brasier d'amour pour la France » 71

VII

LA PREMIÈRE RECONQUÊTE
DE LA LORRAINE

La Lorraine est à nous 76
La Lotharingie..................................... 77
Le duché de Bar.................................... 79
Politique des ducs de Lorraine...................... 80
Jeanne d'Arc, lorraine et française.................. 82
La France reprend les Trois-Évêchés 86
La France recouvre le duché......................... 88

VIII

LA PREMIÈRE RECONQUÊTE
DE LA FRANCE RHÉNANE

La Monarchie et les Provinces cisrhénanes............. 91
La politique de la Convention....................... 93
L'annexion de la rive gauche........................ 97
Les pétitions de 1797.............................. 101
La France rhénane de 1795 à 1815.................... 104
La France rhénane redevient allemande.............. 105

IX

L'ALSACE-LORRAINE DE 1870 A 1914

Pages

Le rapt odieux 107
Protestation de Mgr Freppel............................. 108
Protestation des députés Alsaciens-Lorrains 115
La fidélité de l'Alsace-Lorraine 123

X

LA RECONQUÊTE DÉFINITIVE
DE L'ALSACE-LORRAINE

La joie de la réunion..................................... 129
Le statut politique de l'Alsace-Lorraine 130
Le statut religieux de l'Alsace-Lorraine 136

XI

LA RECONQUÊTE DÉFINITIVE
DE LA FRANCE RHÉNANE

La rive gauche réfractaire à la germanisation............. 141
Le don d'assimilation de la France....................... 144
La Moselle et le Rhin nous désirent...................... 148
Le mariage de Colette et d'Asmus........................ 153

XII

L'AGRANDISSEMENT DE LA BELGIQUE

La Belgique doit s'agrandir.............................. 160
Objection : La question des races......................... 161
La question du Limbourg 164

XIII

LA QUESTION DU LUXEMBOURG ?

La réunion à la Belgique?................................ 166
L'annexion par la France ?............................... 167
L'éviction de la maison de Nassau?....................... 170
Le droit de la population?............................... 173
Le protectorat de la France?............................. 176

XIV

CONCLUSION

Pas de paix boiteuse et essoufflée ! (M. Poincaré) 178

PRÉFACE

*M. l'abbé Coubé publie un exposé des droits
historiques de la France sur la rive gauche du
Rhin. C'est bien, c'est excellent. Les patriotes le
remercient. Il faut que de tous les côtés l'union
sacrée se fasse pour éclairer les esprits sur une
nécessité de salut public. A quelque parti que nous
appartenions, nous devons nous mettre d'accord
sur la précaution à prendre contre les Allemands,
afin que nos fils et petits-fils recueillent le fruit
de ce formidable effort.*

*Une fois encore, les Allemands viennent de
jouer la partie, à leur heure. Ils voulaient l'empire
du monde. Avec quelle brutalité ! Nos provinces
éprouvent le poids de leurs lourdes bottes. Nous
avons eu la chance d'avoir un bon chef et des
soldats unanimes dans leur résolution. Nous ne
pouvons plus être battus. Mais il faut maintenant
appliquer la règle suprême de la vie pratique et
maintenir jusqu'à son plein effet notre énergie
de victoire.*

*L'âme d'une action, c'est d'être menée jusqu'au
bout. S'il est permis d'éclairer sa pensée en
prenant des exemples et des analogies dans un*

ordre bien différent, je rappellerai ce que disait M. Marcellin Berthelot : « Terminer, rédiger, publier. » Il enseignait par ces trois mots que l'œuvre intellectuelle n'existe que lorsqu'elle est publiée, et que l'on n'est sûr de sa pensée que lorsqu'on l'a rédigée.

Il ne faut pas que cette guerre formidable laisse inachevée l'œuvre sublime de nos soldats. Par-dessus tous les partis, d'un haut point de vue de nationalisme français, dès maintenant, doivent se concerter tous ceux qui veulent assurer la sécurité de nos frontières et remplir les destinées de la France éternelle.

Nos soldats acceptent de mourir pour le salut de la France (chacun la définissant un peu à sa manière), et pour rien autre. Ils ne se sacrifient pas à des combinaisons de conquête politique. Ils veulent sauver la France et désarmer l'Allemagne. Cette nécessité est la seule qui s'impose à tous nos esprits.

Nous n'allons pas perdre notre temps à discuter les arguments de l'Allemagne, qui prétend avoir des droits sur l'Alsace-Lorraine parce que cette région serait peuplée de races plus ou moins parentes des Germains, et qui réclame au même titre la Hollande, la Belgique, la Suisse, la Franche-Comté, la Champagne, la Bourgogne, etc... Nous ne discuterons pas davantage la prétention ger-

manique de posséder la loi sur laquelle l'humanité
entière doit se régler.

Il ne peut plus être question, au long de la
charmante Moselle et sur la rive gauche du Rhin,
d'aucune souveraineté de Bavière, ni de Prusse,
d'aucune pensée pangermaniste. Nous voulons la
paix du monde, la sécurité pour nos fils et pour
nos petits-fils.

D'ailleurs, nos enfants seront aisément aimés,
sur cette rive gauche. Nos pères y étaient hautement estimés. Ces beaux territoires, soustraits
à la brutalité prussienne, ne tarderont guère à
fournir, sous la discipline française, d'excellents
éléments graves, patients, loyaux, qui s'équilibreront très bien dans notre nation. Je me rappelle,
parmi les jours les plus heureux de ma vie, ceux
que j'ai passés à errer en bicyclette, en bateau,
à pied, de Metz à Coblence, parmi ces forêts, ces
montagnes romanesques, ces petits villages tout
pleins de souvenirs de la Révolution et du Premier
Empire. Je n'étais pas en Allemagne, mais sur
des territoires que mettrait au point un seul rayon
du soleil de France.

Le Rhin est un vieux dieu loyal. Quand il aura
reçu des instructions, il montera très bien la garde
pour notre compte et fera une barrière excellente
à la Germanie. Vous verrez, nous nous assoirons
comme des maîtres amicaux sur la rive du fleuve,

et nous ranimerons ce que la Prusse a dénaturé et dégradé, mais qui était bien beau. Nous libérerons le génie de l'Allemagne qu'ont aimé follement nos pères.

Un délire pangermanique empoisonne à cette heure les peuplades d'outre-Rhin. Pourtant leurs États particuliers demeurent en général solides et aimés, en même temps que le Prussien envahisseur est sourdement détesté. Guérissons des malades. Évitons à ces Allemands de vivre plus longtemps dans cette unité qui a surexcité en eux le plus effroyable esprit de domination. C'est un digne rôle pour des vainqueurs généreux. Et puis, trêve de plaisanterie, ceux qui se sacrifient à cette heure avec une terrible énergie pour le salut de la patrie se désespéreraient si leur holocauste devait être rendu inutile. Ils ne veulent pas avoir été dupés. C'est le salut de la France et la paix du monde, sans pitié pour l'Allemagne, qu'exigent les mères en deuil, les soldats et le génie politique.

M. l'abbé Coubé doit être remercié de mettre dans la discussion publique le fruit de ses études et de sa méditation.

Maurice BARRÈS.

ALSACE, LORRAINE ET FRANCE RHÉNANE

I

INTRODUCTION

La montagne de Sainte-Odile.

Par un beau jour ensoleillé du mois de juillet 1908, je me trouvais sur la montagne de Sainte-Odile et, de ce magnifique belvédère, je contemplais l'immense plaine alsacienne qui s'étend à ses pieds à perte de vue. Il était midi, lorsque, soudain, de tous les clochers, de toutes les houblonnières, de tous les bois de sapins, de tous les pieux villages blottis dans la verdure, j'entendis monter la voix des cloches, égrenant joyeusement les notes de l'Angélus. Et je me dis : « Quand donc l'Angélus de la délivrance sonnera-t-il pour l'Alsace? Quand donc l'Ange lui annoncera-t-il que le Sauveur est venu ? »

Il est venu aujourd'hui le Sauveur. Il est apparu, le drapeau tricolore à la main, sur la crête des Vosges. Il est descendu dans la plaine, un peu trop vite peut-être tout d'abord, au mois d'août 1914. Que voulez-vous ? Il était emporté par son cœur qui ne mesure jamais le danger. Lorsqu'on apprit que nos soldats avaient arraché les poteaux-frontières, qu'ils s'avançaient vers le Rhin, que leur drapeau avait flotté sur Mulhouse, une explosion de joie souleva toute la France. Elle dut bientôt, il est vrai, s'avouer qu'on ne vient pas à bout en quelques jours, à coups d'enthousiasme, d'une organisation militaire minutieusement préparée pendant quarante-quatre ans. Mais l'espérance et la certitude de la victoire, loin d'avoir diminué, n'ont cessé de croître depuis un an.

Le Sauveur est là, attendant son heure, l'heure de l'Angélus libérateur. Il a dit aux habitants de Thann : « *Notre retour est définitif. Vous êtes français pour toujours. Je suis la France, vous êtes l'Alsace. Je vous apporte le baiser de la France !* » Et les vieux Alsaciens pleuraient en entendant Joffre parler ainsi, en voyant le drapeau français claquer sur leur mairie et leur église, comme au temps de leur enfance.

L'Alsace et la Lorraine nous sont restées tendrement attachées. La cigogne n'a cessé de maudire le vautour prussien, paré des plumes de l'aigle, et elle a hâte d'entendre de nouveau son ami Chantecler jeter le nom de France du haut des clochers. Le vieux maréchal Fabert nous fait signe à Metz, Ney à Sarrelouis, Kellermann et Kléber à Strasbourg, Rapp à Colmar, Lefebvre à Rouffach. La Lorraine est toujours la patrie de Jeanne d'Arc et toujours française comme elle. L'Alsace est toujours la terre que Michelet appelait dans une phrase douce et caressante : « *Alsace, petite] France, plus France que la France!* » La patrie de sainte Odile nous est restée fidèle, comme ses grands oiseaux blancs le sont à leurs nids broussailleux.

Du haut de sa montagne, entourée des hauts sapins qui se dressent à ses pieds comme des cierges embaumés, sainte Odile bénit nos soldats ; car elle est bien Française la petite sainte Odile ! De son vivant elle repoussait la main gantée de fer des princes allemands qui la voulaient épouser, comme l'Alsace repousse aujourd'hui la main gantée de sang du Kaiser. Et Jeanne d'Arc accourt vers elle avec nos drapeaux, et elles tombent dans les bras l'une de l'autre, en se disant : « Jeanne et Odile, France, Alsace et Lorraine, restons unies pour toujours ! »

C'est bien entendu ! Lorsque sonnera l'heure solennelle de la paix, le premier droit comme le premier devoir de la France victorieuse sera de reprendre les deux chères provinces qui lui furent arrachées par un rapt odieux. Mais là ne devront pas s'arrêter ses revendications.

Les provinces cisrhénanes.

On trouve en descendant le Rhin, sur la rive gauche du grand fleuve, trois belles provinces, la Bavière rhénane, la Hesse rhénane, la Prusse rhénane. Or, ces provinces nous reviennent en vertu d'un droit historique certain.

D'abord, elles nous ont longtemps appartenu aux époques celtique, gallo-romaine, mérovingienne et carolingienne. Germanique à la surface, leur population, surtout dans les campagnes, est au fond gauloise d'âme et de sang. Elle ne ressemble pas à celle de l'autre côté du Rhin. « *Loin des villes*, dit le commandant Espérandieu dans sa remarquable brochure sur *le Rhin français, le type qu'on rencontre communément est celui des agriculteurs de l'Alsace et de la Lorraine.* Les grandes agglomérations, où le flot des immigrants s'est porté de préférence, sont plus allemandes ; cependant, sauf à Cologne peut-être, dont la population a augmenté de façon prodigieuse en moins de cent ans, un Français n'éprouve nulle part la sensation d'être dépaysé (1). »

Au IXᵉ et au Xᵉ siècle, ces provinces nous ont été enlevées par une grande injustice diplomatique, mais elles ont gardé l'indélébile empreinte celtique. Les laisser à l'Allemagne serait consacrer une injustice et perpétuer une usurpation : usurpation, c'est le mot dont se servait Richelieu en parlant de la création du royaume de Lotharingie qui nous ravit pour la première fois la rive gauche du Rhin.

Sans remonter à Clovis et à Charlemagne, nous retrouvons dans notre histoire des titres plus

(1) *Le Rhin français*, Paris, Attinger : 0 fr. 60.

récents que nous étudierons plus loin. Rappelons ici seulement que ce pays s'est donné à nous et s'est glorifié d'être français de 1795 à 1815. Il formait quatre départements, la Sarre, le Mont-Tonnerre, le Rhin-et-Moselle et la Roer. Sarrelouis, la ville de Louis XIV et la patrie de Ney, Trèves, la plus latine des cités du Nord dans les premiers siècles, Mayence, Coblentz, Cologne, Aix-la-Chapelle, anciens *castella* gallo-romains, toutes ces villes s'étaient reprises à nous aimer et elles arboraient fièrement nos couleurs, comme une parure. Elles nous aimeront encore, si tant est qu'elles nous aient oubliés, quand elles auront réappris à nous connaître, et nous verrons plus loin que l'amitié sera vite renouée, quand aura disparu la crainte de la schlague allemande et que la douceur de la civilisation française aura de nouveau enchanté leurs yeux et leurs cœurs.

Ces riches contrées ont d'ailleurs une importance capitale au point de vue militaire ; elles sont nécessaires à notre défense nationale. Ce serait une suprême imprudence, une folie de les abandonner à l'ennemi, quand l'occasion propice s'offre à nous de les lui reprendre.

Foin des doctrines antimilitaristes qui ne cessent de nous crier : Pas d'annexion ! Eh oui ! il ne faut pas s'annexer le bien d'autrui, mais on peut, mais on doit s'annexer son propre bien, quand on en a été dépouillé par un vol odieux. Loin d'être une violence, c'est la réparation d'une injustice.

La France doit donc reprendre ainsi au moins la

plus grande partie de la région cisrhénane, par exemple jusqu'à la ligne de l'Eifel, au nord de la Moselle. Elle pourrait offrir à la Belgique la partie située au delà de cette ligne et qui comprend Aix-la-Chapelle et Cologne. Mais si la Belgique, pour des raisons que je discuterai plus loin, n'en voulait pas, ce serait à la France d'y établir sa domination absolue ou du moins son protectorat. A aucun titre, l'Allemagne ne doit garder la moindre parcelle de territoire ou de puissance sur la rive gauche du Rhin.

*
* *

L'irrédentisme français.

Il existe en Italie un parti des Irrédentistes. Ce sont les patriotes qui luttent pour la reconquête des terres italiennes, telles que Trieste et Trente, qui ne sont pas encore rachetées ou délivrées du joug de l'étranger : *irredente*. Sans doute ce mouvement est allé trop loin et a même été dirigé contre la France au temps de la défunte Triplice, alors que quelques agités parlaient de reprendre Nice à la France. Mais, en soi, il est naturel et légitime, car il est fondé sur le principe des nationalités bien compris.

Une nation a le droit de revendiquer un pays où elle retrouve ses frères, sa race, ses mœurs et où l'appellent une frontière naturelle, un droit historique découlant d'une possession antérieure, enfin et surtout le vœu des habitants.

Eh bien, il doit y avoir un irrédentisme français, appliqué à la rive gauche du Rhin, parce que cette rive est pour nous un patrimoine sacré. Elle nous a appartenu pendant plus de mille ans, avant d'être accaparée par la Germanie. Elle est enchaînée aujourd'hui ; nous devons briser ses fers. Lorsque le Syndic de Chambéry présenta, en 1792, les clefs de sa ville au général de Montesquiou, il lui dit : « *Nous ne sommes pas un peuple conquis, nous sommes un peuple délivré.* » Voilà ce que devront nous dire bientôt tous les habitants de la rive gauche du Rhin.

Charles VII était un irrédentiste, quand il disait, en 1444 : « *Le royaume de France a été, depuis beaucoup d'années, dépouillé de ses limites naturelles qui allaient jusqu'au Rhin ; il est temps d'y rétablir sa souveraineté.* »

Turenne était un irrédentiste, lorsqu'il disait au chevalier de la Fare, en 1674 : « *Il ne faut pas qu'il y ait un homme de guerre au repos en France tant qu'il y aura un Allemand en Alsace.* »

Lazare Carnot était un irrédentiste, quand il écrivait : « *Les limites anciennes et naturelles de la France sont le Rhin, les Alpes et les Pyrénées.* »

Danton était un irrédentiste, quand il s'écriait à la Convention, le 31 janvier 1793 : « *Les limites de la France sont marquées par la Nature. Nous les atteindrons à leurs quatre points : à l'Océan, aux bords du Rhin, aux Alpes, aux Pyrénées.* »

Merlin de Douai était un irrédentiste, quand il disait à la même tribune, le 24 septembre 1795 :

« *Certes, ce n'est pas pour rentrer honteusement dans nos anciennes limites que les armées républicaines vont aujourd'hui, avec tant d'audace et de bravoure, chercher et anéantir au delà de ce fleuve redoutable* (le Rhin) *les derniers ennemis de la liberté.* »

Cette phrase de Merlin s'applique avec une précision émouvante à notre temps. Si nos soldats luttent et meurent depuis un an avec tant d'héroïsme, c'est pour que la France soit à jamais délivrée du péril teuton. Or la possession des provinces cisrhénanes est indispensable pour cela : c'est la condition absolue de notre sécurité à l'avenir. Ce serait tromper et trahir le sang de nos morts que de ne pas aller jusqu'au bout de nos droits.

Napoléon était un irrédentiste, lorsqu'il écrivait cette phrase magnifique, où l'on retrouve la netteté, la majesté et la profondeur d'une pensée de Bossuet : « *La France reprendra tôt ou tard... ses limites naturelles, celles du Rhin, qui sont un décret de Dieu, comme les Alpes et les Pyrénées.* »

Victor Hugo était un irrédentiste, le jour où il disait : « *Il faut rendre à la France ce que Dieu lui a donné, la rive gauche du Rhin.* »

Oui, le Rhin nous attend. Nos drapeaux devront bientôt flotter joyeusement sur ses rives, de Bâle jusqu'à Cologne. La voix du sang français qu'il a bu, les ossements de nos pères qui dorment dans sa longue vallée, notre passé, notre avenir, le décret de Dieu nous y appellent. Les Allemands aiment à chanter la *Wacht am Rhein* : c'est à la France maintenant de chanter et surtout de monter, face à l'Est, la « garde du Rhin ».

*
* *

Le nom de « France rhénane ».

Supposons un instant le problème résolu de la manière la plus complète. Les drapeaux français flottent à Trèves, à Mayence, à Coblentz, à Cologne, à Aix-la-Chapelle. Une question préalable se pose. Comment appellerons-nous le pays qui s'étend au nord de l'Alsace et de la Lorraine ?

Il ne peut plus être question des dénominations actuelles, puisqu'elles ne répondent plus à la réalité. Ces terres n'appartenant plus à la Bavière, à la Hesse et à la Prusse, ne peuvent plus s'appeler Bavière, Hesse ou Prusse rhénanes.

Nous avons rappelé plus haut que cette contrée, réunie à la France de 1795 à 1815, formait les départements de la Sarre, du Mont-Tonnerre, du Rhin-et-Moselle et de la Roer. On voudra sans doute revenir à cette ancienne division administrative et ressusciter ces noms : ce sera logique et patriotique. Mais pour la commodité et la nécessité du langage, il faudra en plus un vocable général, un nom précis et distinct englobant ces quatre départements.

Je propose de les appeler *la France rhénane*. Ce

vocable s'inspire du même principe que les vocables allemands usités jusqu'ici, mais en tenant compte des conditions nouvelles où se trouveront ces provinces. Par le mot « rhénane », il désignera, comme toujours, leur position géographique ; par le mot « France », il exprimera leur attribution politique actuelle, en même temps que leur vraie et ancienne nationalité. En effet les autochtones de la rive gauche n'ont jamais été ni bavarois, ni hessois, ni prussiens ; ils sont de vieille souche gauloise, et leur race n'a pas été noyée sous le flot des immigrés, quel qu'ait été le nombre de ces tard-venus depuis un demi-siècle.

Nous aurons ainsi trois belles provinces aux noms clairs, sonores, populaires, aussi doux à nos oreilles qu'à nos cœurs : l'Alsace, la Lorraine et la France rhénane ; trois provinces qui monteront la garde sur le Rhin.

J'avais aussi songé à un autre nom, celui d'*Austrasie*. C'était celui qui, à l'époque mérovingienne, désignait la France de l'Est et la région rhénane en particulier : il aurait l'avantage d'affirmer notre vieux droit historique. Lorsque Henri II fit, en 1552, la campagne rhénane où il reprit Metz, Toul et Verdun, son intention était de reconquérir non seulement l'Alsace et la Lorraine, mais les autres provinces cisrhénanes. Ce projet, nous le verrons, fut très populaire en France. Or le nom que l'on se proposait de donner à la région conquise était justement celui d'Austrasie.

Cependant ce nom aurait peut-être des inconvénients : les savants pourraient lui reprocher de restreindre à une portion de son territoire l'antique Austrasie qui était plus vaste ; le public le trouverait sans doute trop archaïque, trop mérovingien, pas assez populaire. Aussi je ne le suggère que pour mémoire.

Également pour mémoire, je signale l'appellation de *France ripuaire*, qui serait très justifiée historiquement, car il s'agit de la contrée qu'habitaient les Francs *Ripuaires* ou riverains du Rhin : mais ce nom paraîtrait sans doute aussi un peu archaïque.

Je ne tiens d'ailleurs pas plus que de raison à celui de France rhénane : et j'applaudirai à toute autre dénomination plus juste que l'on pourra proposer.

Quoi qu'il en soit des noms, et bien qu'ils aient leur importance, l'essentiel est que la France enlève la rive gauche du Rhin à l'Allemagne et qu'elle y établisse son influence. Nous allons voir qu'elle y a un intérêt vital et un droit incontestable.

II

NOTRE INTÉRÊT NATIONAL

Intérêt d'ordre militaire.

La France a besoin pour la défense de son territoire de commander toute la rive gauche du Rhin, soit par elle-même, soit par des alliés dont elle soit très sûre. La possession de l'Alsace et de la Lorraine est évidemment la mesure la plus urgente et la plus essentielle ; mais elle ne suffit pas. Les autres provinces cisrhénanes ne doivent pas être laissées à l'Allemagne, car elles lui fournissent un tremplin d'où elle peut s'élancer facilement sur la France, par-dessus la Belgique et le Luxembourg, l'Alsace et la Lorraine. En violant ces contrées, elle est immédiatement en Franche-Comté, en Bourgogne, en Champagne ou dans le Nord, et, de là, elle peut gagner Paris en quelques jours.

Maîtres de Paris, les ennemis peuvent, soit par les moyens de communication que donne sa centralité, soit par la menace de le saccager ou de le détruire, écraser la France ou la forcer à capituler.

Et alors même qu'ils n'arriveraient pas à prendre la capitale, ils occuperaient, comme en 1870, comme en 1914, un grand nombre de départements et recommenceraient les horreurs que nous connaissons.

Si, au contraire, nous sommes les maîtres de toute la rive gauche, de toutes ses forteresses, de tous les passages du fleuve, et, à plus forte raison, si nous empêchons, comme nous l'indiquerons plus loin, l'Allemagne de se fortifier sur la rive droite, il lui sera impossible de pénétrer, ou du moins de pénétrer bien avant, sur notre territoire et nous ne reverrons plus jamais les atrocités que les barbares ont si souvent commises chez nous dans les siècles passés.

On compte une trentaine de ces invasions dévastatrices sans parler des violations moins importantes de notre territoire. Depuis le commencement de la grande Révolution nous en avons eu six. Il s'agit de fermer pour toujours nos portes à ces cambrioleurs assassins.

Or, la guerre actuelle nous fournit, par la victoire que nous avons le droit d'escompter, une occasion merveilleuse de mettre fin à cette insécurité de nos frontières, de crever une fois pour toutes le nuage de sang qui déferle toujours vers nous du fond des Allemagnes.

Maurice Barrès a dit très justement dans l'*Écho de Paris* du 10 janvier 1915 : « C'est la vingt-neuvième fois que les gens d'outre-Rhin viennent dévaster notre pays. C'est la quatrième fois depuis un siècle. Ils reviendront chaque fois qu'ils le pourront. Il faut que nous combattions pour qu'une pareille chose devienne impossible dans notre existence et dans l'existence de nos enfants et petits-enfants. Il s'agit de chasser les Allemands, de briser leur unité et de prendre nos sûretés sur le Rhin. »

C'est aussi l'opinion de M. J. Dontenville, professeur agrégé d'histoire : « Nos frontières (de l'Est) sont dangereusement défectueuses, ouvertes toutes grandes à l'ennemi, beaucoup trop rapprochées de Paris, tête et cœur de la France. Nous éprouvons le besoin irréductible de les rectifier, de les fermer, de les tracer loin de la capitale. Depuis quelque cent ans, guère plus, l'invasion allemande, accompagnée des pires horreurs, a débordé six fois sur notre malheureuse patrie, en 1792, 1793, 1814, 1815, 1870, 1914. Pourquoi ? Parce que nous sommes hors d'état de protéger nos marches trop vulnérables du Nord-Est. Nous ne possédons pas nos limites normales, établies par la nature elle-même. Au contraire, l'ennemi tient les clefs de notre maison où il pénètre ainsi de prime abord. Une grande bataille par nous perdue, et voilà les armées qui, sans obstacle, foncent sur Paris. Situation vraiment douloureuse et effroyable ! Ne sommes-nous pas irréprochables de tout point, si, pour la changer, nous utilisons l'occasion propice ?

« Avec le vicomte de Bonald, nous jugeons que « sans le Rhin » la France n'est pas *finie* et ne saurait être *stable*. Comme Vauban l'affirmait à Louis XIV, il faut, par une configuration régulière, rendre à l'avenir notre *pré carré* (1). »

M. Savarit écrit : « La capitale, trop rapprochée d'une frontière faible, reste à la merci « des convoitises éternelles des Germains », à la merci d'un coup de main audacieux et brutal paralysant sa légitime défense, comme celui que nous venons de voir échouer...

« L'ennemi qui tient Paris, s'il est assez féroce pour le piller et même le détruire — et l'on connaît la fureur teutonique ! — tient la France à sa merci. Le monde même est intéressé, à cause des admirables monuments de Paris, de ses incomparables collections d'art et d'histoire, de toutes ses beautés qui sont le patrimoine commun de l'humanité, à la sécurité de la Grand'Ville.

« Or, cette sécurité ne peut être garantie, surtout du côté des Barbares, que par une frontière suffisamment éloignée, une frontière naturellement forte se prêtant à des travaux de défense efficaces (2). »

*
* *

Intérêt d'ordre économique.

Il nous est impossible de ne pas tenir compte de l'accroissement de prospérité matérielle qui

---

(1) *Après la guerre. Les Allemagnes, la France, la Belgique et la Hollande,* par J. DONTENVILLE, page 31. — Floury, éditeur, Paris, 1, boulevard des Capucines : o fr. 60.

(2) *La Frontière du Rhin,* par C.-M. SAVARIT, p. 32. — Floury, éditeur.

découlerait de notre mainmise sur ces opulentes contrées.

L'arrondissement de Briey possède une immense réserve de minerais phosphoreux de fer. Mais c'est vers 1880 seulement que la science a découvert le moyen de les utiliser pour la fabrication de l'acier. Les Allemands regrettèrent alors amèrement de n'avoir pas annexé dix ans plus tôt cette prodigieuse richesse, et l'on sait avec quelle activité fiévreuse ils l'exploitent depuis le commencement de la guerre ; ils y ont fait, dit-on, des travaux gigantesques, des tunnels, des voies ferrées qui ont apporté à nos mines une plus-value considérable.

En 1912, l'Allemagne produisait vingt-sept millions de tonnes de minerai de fer dont vingt provenaient de la Lorraine annexée. Elle en demandait en outre onze millions à l'étranger. Or, ces onze millions sont à peu près le produit annuel du bassin de Briey. Donc, en s'emparant de ce bassin, comme elle y est fermement résolue, si elle est victorieuse, elle trouverait chez elle les trente-huit à quarante millions de fer dont elle a besoin pour sa formidable consommation.

La même année, la France produisait dix-neuf millions de fer, dont quatorze provenaient de la Meurthe-et-Moselle. En reprenant aux Allemands la partie de la Lorraine qu'ils lui ont volée, elle augmentera sa production de vingt millions, ce qui fera d'elle une des premières puissances métallurgiques du monde, sinon la première de toutes. Par là même, avantage non moins précieux, elle appauvrira singulièrement sa rivale.

Mais pour que cette immense réserve de fer nous donne tout le rendement que nous sommes en droit d'en attendre, il nous faudrait avoir sur place une quantité suffisante de charbon. Or, nous ne l'avions pas en Lorraine française et nous étions obligés de faire venir le combustible de loin à grands frais.

Heureusement, il y a, à peu de distance, dans la Lorraine annexée, un bassin houiller d'une énorme puissance qui semble placé là tout exprès pour continuer et compléter notre bassin métallurgique. C'est la vallée de la Sarre, qui nous a appartenu, et que nous devons d'autant plus revendiquer que sa richesse jadis ignorée nous apparaît aujourd'hui aussi inépuisable qu'indispensable à notre industrie. Le bassin de Sarrebruck ajouté à celui de Briey décuplera la puissance métallurgique de la France.

L'Allemagne produisait en 1912 cent soixante-dix-sept millions de tonnes de houille, dont seize millions provenaient du bassin de la Sarre. La France n'en trouvait dans ses mines que quarante et un millions dont vingt-huit dans le Nord et le Pas-de-Calais. Son déficit, qu'elle comblait par une coûteuse importation, était d'environ seize millions, c'est-à-dire l'équivalent de la production du bassin de Sarrebruck, d'où il suit que, en reprenant ce bassin qui lui a été volé, elle trouverait chez elle tout ce qui lui est nécessaire et ne serait plus tributaire de l'étranger.

Douloureuse fatalité ! Depuis un an, nos ennemis occupent et exploitent nos deux sources les
plus abondantes de fer et de houille, le bassin de
Briey et les mines du Nord et du Pas-de-Calais.
Ils nous ont ainsi privés du plus formidable instru-
ment de guerre ! Au jour des règlements, il faudra
tenir compte non seulement de la valeur matérielle de ces richesses minérales, mais encore et
surtout de la valeur militaire qu'elles auraient
eue pour nous pendant les hostilités (1).

Ajoutons un fait d'une grande importance et
d'une savoureuse opportunité : c'est que la majeure
partie des gisements houillers de la Sarre est la
propriété privée de la couronne royale de Prusse
et que, en se les appropriant, la France, sans
léser les intérêts particuliers, fera seulement payer
à la malfaisante dynastie des Hohenzollern une
modeste partie de la rançon de son pays.

Si, de plus, nous annexons la province de
Cologne et si le régime douanier de l'Allemagne
est renversé à notre profit, nous pourrons faire
venir par des voies ferrées la houille de la vallée
de la Ruhr et de la région westphalienne, encore
plus abondante que celle de la vallée de la Sarre.

La Prusse rhénane au-dessus de l'Eifel est une
contrée très peuplée et très riche où le commerce
et l'industrie ont pris depuis un siècle un incroyable
essor.

(1) Consulter l'intéressant article : *L'Allemagne et le fer*,
de M. Fernand Engerand, député du Calvados. *Correspondant*
du 25 mars 1915.

En Alsace, on a découvert entre Cernay et Mulhouse, dans la forêt de Nonnenbruck, des gisements de potasse qui, d'après les calculs du spécialiste Foerster, pourraient fournir 300 millions de potasse pure et vaudraient au moins soixante milliards. L'exploitation en est à peine commencée. La concession en a été achetée à l'État par de puissantes sociétés financières de Berlin. Pour ne pas léser les droits des particuliers, on pourrait forcer le gouvernement allemand, à titre d'indemnité de guerre, de rembourser l'argent qu'il a perçu de cette opération, et cette richesse fabuleuse reviendrait alors naturellement à la France.

Mais il est une autre richesse plus précieuse encore : c'est une population de sept à huit millions d'habitants qui s'ajouterait fort avantageusement à la nôtre et augmenterait sérieusement notre puissance militaire. Il y a là pour nous un intérêt vital.

La morale, la religion et le patriotisme gémissent également du fléau de la dépopulation qui sévit de plus en plus en France. Il faut espérer que la conscience publique, douloureusement éclairée par la guerre, comprendra qu'il faut absolument enrayer ce mal, et que les berceaux s'épanouiront bientôt, drus et joyeux, sur nos tombes sanglantes. Mais, en attendant, ce sera pour nous un immense avantage de pouvoir tirer chaque année quelques corps d'armée de cette riche pépinière de guerriers, de cette rive gauche du Rhin, qui en a tant fourni à la France sous l'Empire, sous la Révolution et, même avant son annexion, sous la Monarchie.

III

NOTRE DROIT HISTORIQUE

L'intérêt corrobore le droit.

Quelques Français trop scrupuleux pourraient faire cette objection : « Est-ce que les avantages matériels et même la nécessité de la défense nationale que vous invoquez nous autorisent à occuper les terres de nos voisins ? Nous reprochons justement à de Moltke d'avoir dit : « Il est « vrai que l'Alsace et la Lorraine appartiennent à « la France, mais, comme nous en avons besoin, « nous avons le droit de les prendre. » Or n'est-ce pas le même raisonnement que nous appliquons aux provinces rhénanes ? N'est-ce pas la même désinvolture dans la même injustice ? »

C'est entendu, l'intérêt ne remplace pas le droit et ne le crée pas, mais, quand il s'y ajoute, il le corrobore. Or, c'est bien notre cas. Nous ne devons pas prendre le bien d'autrui ; mais la question est précisément, et avant tout, de savoir à qui appartiennent les marches du Rhin, abstraction faite de l'avantage que leur possession peut assurer à l'occupant. Or, comme nous le verrons plus loin, elles ont été gauloises environ deux mille ans avant d'être germaniques.

L'Allemagne ne les a accaparées qu'au x⁰ siècle

après Jésus-Christ, en vertu d'une diplomatie légale, mais arbitraire, d'un droit féodal abusif, qui partageait les nations comme un patrimoine entre les membres d'une même famille régnante, sans tenir compte des sympathies et des affinités électives des populations.

On pourrait dire aussi, sans tomber dans des subtilités de casuistique, qu'un peuple a le droit de vivre et par conséquent de prendre contre ses voisins toutes les mesures de défense que leur perfidie et leur brutalité rendent nécessaires. S'ils en souffrent, ils ne doivent s'en prendre qu'à eux-mêmes. Par conséquent, alors même que la rive gauche du Rhin, ce qui n'est pas, appartiendrait historiquement à l'Allemagne, celle-ci aurait *perdu* son droit de propriété, par l'usage criminel qu'elle en a fait depuis un demi-siècle ; nous aurions le droit de la lui enlever à titre de châtiment pour le passé et de précaution pour l'avenir.

Cela soit dit pour marquer la différence qui existe entre notre thèse et le raisonnement d'apache du maréchal de Moltke. Mais nous n'avons même pas besoin de recourir à ce droit de représailles : nous en avons un autre plus ancien et plus direct, c'est le droit historique.

*
* *

Valeur du droit historique.

Les Allemands font sonner très haut ce qu'ils appellent leur droit historique. Ils revendiquent toute terre où ont passé leurs pères. C'est ainsi qu'ils prétendent accaparer notre Bourgogne, notre Aquitaine, notre Normandie, sous prétexte que ces provinces ont été jadis habitées par des peuples d'origine germanique, les Burgondes, les Wisigoths et les Normands. L'empreinte de leur pied sur un sol est pour eux ineffaçable, sacrée, et constitue un droit de propriété.

Or, ce droit historique provenant de l'occupation pure et simple est plus que contestable en lui-même. Il est nul s'il provient d'une invasion criminelle et si cette tare d'origine n'a pas été effacée par la prescription, car il n'est alors que le droit du plus fort. Pour qu'il soit légitime, il faut qu'il soit doublé d'un droit moral déterminé par les circonstances, par exemple le droit du premier occupant ou une cession à l'amiable par celui-ci; il faut aussi que, dans une large mesure, il tienne compte du vœu des habitants. Nous verrons que, sur ce terrain des volontés et des cœurs, l'avantage est encore de notre côté. Mais le terrain du fait historique brutal, choisi par nos adversaires, ne nous est pas moins favorable.

Il est vrai que les Allemands ont occupé environ pendant sept cents ans l'Alsace et la Lorraine et pendant neuf cents ans le reste de la rive gauche du Rhin. Mais nous pouvons leur opposer une possession historique bien plus longue et bien plus ancienne, une possession que nous pourrions même appeler préhistorique, car elle se perd dans la nuit des temps.

M. René Henry disait dans une conférence publiée par *la Revue du Foyer* (1er juin 1912) : « Peu m'importent les droits historiques ; — (*c'est aller trop loin*) — sur chaque parcelle de l'Europe, miroir où se reflètent des puissances qui passent, se sont succédé bien des droits de cette sorte. Mais pour ceux qui croient à de pareils droits (*il faut en effet y croire*) ce sont sans doute, comme en matière hypothécaire, les plus anciens qui l'emportent : nous avons les premières hypothèques. »

Les siècles germaniques n'ont pas effacé les siècles gaulois. Ils ont une tare originelle ; ils commencent par un attentat à notre droit, et, contre le droit d'un peuple qui n'a cessé de protester, il n'y a pas de prescription, suivant le vieil adage romain : *Quod subreptum erit, ejus rei æterna auctoritas esto !*

C'est justement ce que va nous démontrer l'étude des vicissitudes politiques par où ont passé ces provinces rhénanes si ardemment convoitées de part et d'autre.

*
* *

Le Rhin « décret de Dieu » (Napoléon).

Mais auparavant il est juste de remarquer que ce droit historique lui-même s'appuie sur un droit plus haut, qui découle de la nature des choses, de la configuration géographique des territoires, de la situation et de la direction du Rhin, dont le caractère, j'allais dire la fonction, de frontière crève les yeux.

Napoléon a écrit : « *Les frontières des États sont des chaînes de montagnes ou de grands fleuves ou d'arides et grands déserts. La France est ainsi défendue par le Rhin, l'Italie par la chaîne des Alpes, l'Égypte par les déserts de la Libye, de la Nubie et de l'Arabie.* »

Ces frontières naturelles sont des faits transcendants qui dominent la volonté et les conventions humaines et contre lesquels se brise la politique, quand elle ose les braver. Les limites peuvent être violées pendant quelque temps, mais elles se vengent, semble-t-il, par les conflits que leur violation fait naître.

Ce fleuve superbe qui coule du sud au nord entre les terres germaniques et les terres gauloises est une ligne providentiellement tracée, un fossé creusé pour nous séparer de l'Allemagne, de la même manière que la chaîne des Pyrénées nous sépare de l'Espagne.

Jadis la France a possédé en Espagne la Navarre, tandis que l'Espagne possédait en France la Cerdagne et le Roussillon. C'était une double anomalie, un désordre. Le bon sens politique de la France et de l'Espagne a fini par régulariser cette situation. Tout ce qui est en deçà des Pyrénées est français ; tout ce qui est au delà est espagnol. Les Pyrénées sont le rempart crénelé de neige et de glace qui sépare les deux pays.

Le bon sens exige qu'une démarcation analogue et tout aussi nette existe entre la France et l'Allemagne, et elle ne peut être que la ligne argentée du Rhin. C'est indiqué par la nature, par l'auteur de la nature, par le grand architecte des continents et des nationalités.

Cette fonction du Rhin est si évidente qu'elle a été en réalité la règle incontestée de la politique internationale de l'Occident depuis les temps préhistoriques des Ibères, des Ligures et des vieux Celtes jusqu'à la fin de l'ère carolingienne. A cette époque seulement, l'ambition de l'Allemagne parvint à faire main basse sur la rive occidentale du fleuve. Et voilà près d'un millénaire que cette ambition a tout brouillé et a détruit l'antique et belle harmonie de la carte géographique de l'Europe.

Mais le bon sens politique, comme la conscience de notre droit historique, n'a cessé d'inspirer tous nos hommes d'État depuis dix siècles. Nous rapporterons plus loin leurs revendications. Napoléon les a toutes résumées dans cette phrase lapidaire admirable, que nous avons citée plus haut, où il déclare que « *la limite du Rhin est un décret de Dieu, comme les Alpes et les Pyrénées* ».

Si les Allemands ne veulent pas admettre ce décret de Dieu, ce dictamen du bon sens, ce verdict de la justice, c'est notre droit et notre devoir de les y soumettre par la force. Leur présence sur la rive celtique du Rhin est un fait anormal, excentrique, une incongruité, une intrusion, une insulte à l'histoire, au droit, à la raison, un défi perpétuel, une menace et un outrage à la France.

Edgar Quinet signalait ce caractère provocateur de l'occupation germanique des provinces cisrhénanes lorsqu'il adressait aux Allemands en 1840 ces paroles éloquentes et douloureuses :

« Vous ne savez que trop bien que notre frontière est non pas affaiblie, mais enlevée, et quelle énorme blessure vous nous avez faite tous ensemble, depuis la Meuse jusqu'aux lignes de Wissembourg ! Par là notre flanc est ouvert...

« *Considérez un moment combien la possession de la rive gauche du Rhin a, de votre part, un caractère hostile pour nous. En occupant ce bord vous ne pouvez vous empêcher de paraître menacer, car vous avez le pied sur notre seuil. Vous êtes chez nous. Vous pourriez pénétrer jusqu'à notre foyer sans rencontrer un seul obstacle, tant le piège a été bien ourdi !*

« Au contraire, lorsque cette rive est à nous, notre position n'est encore que défensive. Nous ne sommes pas debout à votre porte. Le fleuve reste entre nous, et il est si vrai que ces provinces n'entrent pas naturellement et nécessairement dans votre organisation nouvelle que vous n'avez su comment les y rattacher. Quel lien trouvez-vous entre Sarrebourg et Berlin, entre Landau et Munich ?...

« *Si, pour obtenir votre amitié, il s'agit de laisser éternellement à vos princes, à vos rois absolus, le pied sur notre gorge et de leur abandonner pour jamais dans Landau, dans Luxembourg, dans Mayence, les clefs de Paris, je suis d'avis, d'une part, que ce n'est pas l'intérêt de votre peuple, de l'autre, que notre devoir est de nous y opposer jusqu'à notre dernier souffle... »*

*
* *

Droit et intérêt.

Il y a deux mobiles qui doivent faire agir une nation, son droit et son intérêt. Ils lui indiquent clairement son devoir. Notre droit, nous allons le voir, nous appelle à la rive rhénane où dorment nos aïeux : notre intérêt réclame la frontière qui pourra seule défendre nos descendants.

Si nous ne voulons pas être à la merci d'un coup de main allemand, nous devons nous appuyer solidement au Rhin, occuper la vallée de la Sarre et celle de la Moselle, Trèves, dont la Porte Noire nous appelle, Sarrelouis, Landau, Spire, Worms, Mayence, Coblentz, Bonn, Cologne. Ces places, qui furent pour nous une menace, deviendront notre sécurité.

Pour compléter notre défense, il faudra aussi imposer à l'ennemi la destruction de toutes ses forteresses à une portée de canon sur la rive droite du fleuve, Istein, Vieux-Brisach, Kehl, Rastadt, Ehrenbreitstein, Deutz, et lui interdire d'en élever de nouvelles.

Voilà ce que demande l'intérêt de la France et de l'Europe. Si notre victoire n'est pas complétée par ces mesures de sûreté, elle sera manchote et, peut-être, hélas ! sans tête et sans bras, comme la victoire de Samothrace !

**

Le vœu des populations.

Le vœu des populations demandant leur réunion à une nation voisine est-il une condition nécessaire et une condition suffisante pour permettre à cette nation de les annexer ? Beaucoup d'auteurs estiment qu'il est à la fois l'un et l'autre, c'est-à-dire que d'abord on n'y peut contrevenir sans injustice et qu'ensuite il peut remplacer tous les autres droits.

Il semble bien que le consentement d'un peuple soit nécessaire pour que l'on puisse disposer de lui, quand il s'agit d'un peuple majeur et raisonnable, car si l'on prend par exemple une tribu ou même une nation sauvage, malfaisante, qui n'use de sa force que pour razzier la contrée d'alentour, il paraît juste de la museler, de la soumettre à une autorité qui saura la contenir, la mater, jusqu'à ce qu'elle soit assagie, et cela dans l'intérêt même de cette tribu ou nation aussi bien que de ses voisins. Elle est par le fait assimilée à un mineur qui n'a pas encore la plénitude de ses droits et qui a besoin d'un tuteur pour gérer ses intérêts et sa fortune.

En dehors de ce cas exceptionnel, il semble bien que l'annexion d'un peuple malgré lui est injuste et nulle de plein droit. Un célèbre jurisconsulte allemand, le professeur Bluntschli, de Heidelberg, écrit dans son *Droit international codifié* : « Pour qu'une cession de territoire soit valable, il faut la reconnaissance par les personnes habitant le territoire cédé et y jouissant de leurs droits politiques. Les populations ne sont pas une chose sans droit et sans volonté, dont on se transmet la propriété. »

C'est le grand argument que les députés du Bas-Rhin, du Haut-Rhin, de la Meurthe et de la Moselle firent valoir le 17 février 1871 dans la sublime protestation que M. Keller lut en leur nom devant l'Assemblée nationale de Bordeaux : « Tous unanimes, les citoyens demeurés dans leurs foyers comme les soldats accourus sous les drapeaux, les uns en votant, les autres en combattant, signifient à l'Allemagne et au monde l'immuable volonté de l'Alsace et de la Lorraine de rester françaises. » Ils ajoutaient que la France elle-même n'avait pas le droit de céder ces provinces et que, si elle les cédait, l'acte en serait radicalement nul. Nous citerons plus loin cette admirable page tout entière.

C'est aussi le langage que Fustel de Coulanges tenait dans sa réponse à l'historien Mommsen, selon qui l'Alsace appartenait à l'Allemagne par la race comme par la langue. « La France, disait Fustel, n'a qu'un seul motif pour vouloir conserver l'Alsace, c'est que l'Alsace a vaillamment montré qu'elle voulait rester avec la France. Nous ne combattons pas pour la contraindre, nous combattons pour vous empêcher de la contraindre... On a sommé

Strasbourg de se rendre, et vous savez comment il a répondu. Comme les premiers chrétiens confessaient leur foi, Strasbourg, par le martyre, a confessé qu'il était français. » Fustel de Coulanges allait trop loin en disant que *le seul motif* qu'avait la France de conserver ses provinces était la volonté de celles-ci. C'est le motif du cœur, le plus puissant peut-être, mais il y en a d'autres.

S'il en est ainsi, si un peuple ne peut être annexé sans son consentement, il s'ensuit, semble-t-il, qu'il peut se donner à qui il lui plaît et par conséquent que sa libre volonté est aussi une condition suffisante pour qu'un État puisse l'annexer.

Quoi qu'il en soit de la théorie, il est certain que si un peuple, outre les droits historiques qu'il a sur une terre, en vertu d'une occupation antérieure indiscutée et en vertu de la configuration géographique de cette terre, est encore appelé par ses habitants, son droit de l'occuper est clair comme le soleil et que personne ne la lui peut disputer sans crime. Or, c'est ainsi que l'Alsace-Lorraine est à nous ; toute cette étude va le démontrer.

Il n'en est pas de même, il est vrai, du moins au même degré, des provinces cisrhénanes inférieures. Mais cela tient à un siècle de germanisation intensive qui a nécessairement aveuglé les esprits. Cependant nous verrons qu'il reste là-bas bien des semences françaises, enfouies sous terre, toujours vivantes, simplement endormies par un long hiver et qui lèveront bientôt sous l'haleine

printanière des vents de France ; que la population de la Sarre et du Mont-Tonnerre n'éprouvera
nullement à nous voir revenir la douleur que
l'Alsace-Lorraine ressentit à nous voir partir ; et
qu'enfin, après un loyal essai de civilisation française, elle bénira bientôt son retour à la maison
de famille de ses pères : ce n'est donc pas lui
faire violence que d'escompter dès maintenant
cette volonté future.

*
* *

Nous l'avons eu, votre Rhin allemand !

Comparé aux grands fleuves de l'Amérique méridionale le Rhin est fort modeste, mais c'est un des
plus puissants et des plus riches cours d'eau de
l'Europe. Sorti des glaciers éternels de la Suisse, il
traverse le lac de Constance, tombe de vingt
mètres de haut à Schaffhouse, longe la plaine
d'Alsace, se fraye une trouée héroïque de Mayence
à Coblentz entre le Taunus et le Hunsrück, mire
dans ses eaux les tours crénelées des vieux burgs
et voit mûrir les jolis vignobles de vins blancs sur
les coteaux du Rheingau.

Très fiers de lui, les Allemands revendiquent le
monopole de ses deux rives. Mais c'est un vol
manifeste. Par le vœu des populations, par la
voix des souvenirs, le vieux Rhin nous appelle. Si
nos hommes d'État l'ont de tout temps revendiqué,
c'est parce qu'il est à nous par sa rive gauche ;

c'est parce que, pendant des siècles, les chevaux des Gaulois et des Francs se sont abreuvés à ses flots et ont piaffé sur ses bords ; c'est parce que Turenne et Condé, Napoléon et ses maréchaux l'ont franchi ; c'est parce que nos barques pavoisées, fleuries, triomphales ont fendu bien souvent ses eaux vertes de Strasbourg à Cologne.

On se rappelle avec quelle verve éblouissante Musset a rappelé ces souvenirs aux Allemands trop portés à les oublier. Ce qui est moins connu c'est l'impression que ses vers firent sur l'esprit de Henri Heine : on y voit l'aveu de l'amour que nous garde le pays rhénan.

Le pangermaniste Becker venait de lancer dans son pays une poésie sur le *Rhin allemand,* pour lequel il revendiquait l'essence germanique, la *Deutschheit* de Fichte. On chantait partout après lui :

Ils ne l'auront pas, le libre Rhin allemand, quoiqu'ils le demandent dans leurs cris comme des corbeaux avides.

Aussi longtemps qu'il roulera paisible, portant sa robe verte, aussi longtemps qu'une rame frappera ses flots.

Ils ne l'auront pas, le libre Rhin allemand, aussi longtemps que les cœurs s'abreuveront de son vin de feu ;

Aussi longtemps que les rocs s'élèveront au milieu de son courant ; aussi longtemps que les hautes cathédrales se reflèteront dans son miroir.

Ils ne l'auront pas, le libre Rhin allemand, aussi longtemps que de hardis jeunes gens feront la cour aux jeunes filles élancées.

Ils ne l'auront pas, le libre Rhin allemand, jusqu'à ce que les ossements du dernier homme soient ensevelis dans ses vagues.

Alfred de Musset, piqué au vif, fit à cette provocation la cinglante réponse que l'on sait :

Nous l'avons eu, votre Rhin allemand !
Il a tenu dans notre verre.
Un couplet qu'on s'en va chantant
Efface-t-il la trace altière
Du pied de nos chevaux marqué dans votre sang ?

Nous l'avons eu, votre Rhin allemand !
Son sein porte une plaie ouverte,
Du jour où Condé triomphant
A déchiré sa robe verte.
Où le père a passé, passera bien l'enfant.

Dans les trois couplets suivants, le poète rappelait les exploits encore récents de Napoléon sur le Rhin et il finissait par cette superbe menace :

Qu'il coule en paix, votre Rhin allemand !
Que vos cathédrales gothiques
S'y reflètent modestement ;
Mais craignez que vos airs bachiques
Ne réveillent nos morts de leur repos sanglant !

Toute l'Allemagne avait chanté les vers de Becker : toute la France chanta ceux de Musset. Henri Heine goûta fort la réplique de notre poète et l'on sait qu'il était dur pour ses compatriotes. Trois ans plus tard, il retournait en Allemagne ; au passage du Rhin, la vue du vieux fleuve lui inspira ces strophes :

Lorsque j'arrivai au pont du Rhin, tout près de la ligne du port, je vis couler à la lueur de la lune le grand fleuve.

« Salut, vénérable Rhin ! Comment as-tu vécu depuis ? J'ai pensé plus d'une fois à toi avec désir et avec regret ! »

C'est ainsi que je parlai, et j'entendis dans les profondeurs du fleuve des sons étranges et gémissants : c'était comme la toux sèche d'un vieillard, comme une voix à la fois grognarde et plaintive.

« Sois le bienvenu, mon enfant ! Cela me fait plaisir que tu ne m'aies pas oublié ! Voilà treize ans que je ne t'ai pas vu. Pour moi, depuis ce temps, j'ai eu bien des désagréments !

« A Biberich, j'ai avalé des pierres ; vraiment ce n'est pas trop friand. Mais pourtant les vers de Nicolas Becker me pèsent encore plus sur l'estomac !

« Il m'a chanté comme si j'étais encore une vierge pure, qui ne s'est pas laissé dérober la couronne virginale !

« Quand j'entends cette sotte chanson, je m'arracherais bien ma barbe blanche et vraiment je serais tenté de me noyer dans mes propres flots !

« Les Français le savent bien que je ne suis pas une vierge ! Ils ont si souvent mêlé à mes flots leurs eaux victorieuses !

« Quelle sotte chanson ! Et quel sot rimeur que ce Nicolas Becker avec son Rhin libre ! Il m'a affiché de honteuse façon. Il m'a même, d'une certaine manière, compromis politiquement.

« Car quand un jour les Français reviendront, il me faudra rougir de honte devant eux, *moi qui, tant de fois, pour leur retour, ai prié le ciel avec des larmes !*

« Je les ai toujours tant aimés, ces gentils petits Français ! Chantent-ils, dansent-ils encore comme autrefois ? Portent-ils encore des pantalons blancs ?

« Je serais heureux de les revoir ! Mais j'ai peur de leur persiflage à cause de cette maudite chanson, j'ai peur de la raillerie et du blâme qu'ils m'infligeront.

« Alfred de Musset, ce méchant garnement, viendra peut-être à leur tête en tambour et me tambourinera aux oreilles toutes ses mauvaises plaisanteries ! »

Telle fut la plainte du vieux fleuve, du père Rhénus. Il ne pouvait en prendre son parti. Je lui dis mainte parole consolante pour lui rendre le calme...

Ce vieux père Rhénus ! Quand je vous disais qu'il nous aime ! C'est un contemporain des Celtes et des Francs Saliens ; il a vu passer le grand Biturige Ambigat, et Clovis, et Charlemagne à la barbe fleurie comme la sienne ; il est même leur aîné. Mais comme il s'intéresse à leurs petits-enfants ! Comme il s'attendrit à leur souvenir ! Comme il prie pour leur retour ! Vous voyez bien qu'il est de la famille. Allons, c'est entendu, vieux père, nous irons te consoler, te porter nous-mêmes de nos nouvelles et te tambouriner notre *Wacht am Rhein !*

*
* *

Le Rheingelüst, « le désir du Rhin ».

Dans les vieilles légendes, il y a des gouffres qui attirent les voyageurs. Le Rhin a ce pouvoir mystérieux. Mais il n'apparaît pas comme un gouffre de mort ; c'est la vie et la richesse qu'il charrie.

Les Allemands ont subi sa fascination à laquelle ils ont donné un nom : le Rheingelüst, le désir ou la convoitise du Rhin. Nous l'avons éprouvée, nous aussi, mais quelle différence entre leur sentiment et le nôtre !

Le Rhin recèle un trésor dans ses flots. Mal gardé par les Ondines, enlevé par un monstre, puis par le vieux dieu Wotan, son or a servi à forger l'anneau du Nibelung, anneau maudit qui chasse l'amour des cœurs qui le possèdent et qui en sont possédés.

Voilà bien l'image de la concupiscence, du *Rheingelüst*, des Allemands. Ils n'ont cherché qu'à s'enrichir en se répandant sur les bords du fleuve. Ils nous ont volé la part du trésor qui nous revenait, à nous les riverains des siècles passés. Ils en ont chassé l'amour, car jamais les reîtres n'ont su se faire aimer des Ondines.

Nous avons aimé le Rhin nous aussi, et c'était notre droit. D'ailleurs nous n'allons jamais nulle part sans être précédés par ce noble fourrier, le droit. Nos pères le mettaient en tête de leurs entreprises. Notre Charlemagne était « le droit empereur » et notre saint Louis « le roi droiturier ». Avec le droit, c'est aussi l'amour qui nous attire au Rhin. Les âmes qu'il nourrit nous appellent comme les Ondines de la légende.

La rive gauche nous crie : « Je suis à vous ; je vous ai été fiancée avant l'arrivée des barbares ; je vous ai donné mon anneau d'or. Je l'ai vu, l'anneau béni, au doigt de Clovis, de Charlemagne, de Henri II, de Louis XIV et de Napoléon. On vous l'a brisé, on vous en a enlevé les morceaux en 1815 et en 1870 ; mais j'ai assez de *Rheingold* pour en forger un nouveau, plus splendide que l'ancien. Il est déjà fait, je vous le garde et je le mettrai au doigt du premier petit soldat bleu qui passera le pont de Strasbourg. »

Nous l'avons eu, votre Rhin allemand ! Et nous l'aurons encore. Et vos monstres et votre dieu Wotan ne nous voleront plus son anneau !

IV

LA RIVE GAUCHE JUSQU'AU Xe SIÈCLE

Période celtique.

Longtemps avant d'appartenir aux Gaulois, notre pays a été l'habitat des Ibères, puis des Ligures. Les Ibères remontent, semble-t-il, aux âges préhistoriques, à plus de trois mille ans avant Jésus-Christ. Les Ligures sont venus en Gaule vers l'an 1200 ou 1500. Mais aucune de ces deux races n'a péri ; elles ont mêlé leur sang entre elles, puis à celui des Celtes qui les ont dominées environ sept à huit siècles avant notre ère. Il est parfaitement certain que nous sommes les descendants et les héritiers de ces trois peuples. Or, ils possédaient toute la rive gauche du Rhin, alors que la Germanie n'existait pas encore.

Quant à la race celtique elle-même, avant de passer le Rhin elle avait campé fort longtemps dans l'Europe centrale, en Allemagne. C'est de là qu'elle se répandit sur la plus grande partie de l'Occident.

« La puissance des Celtes, dit M. Bloch, arriva à son apogée dans le courant du IVe siècle avant Jésus-Christ. Leur domination s'étendait alors sur les Iles Britanniques, sur la moitié de l'Espagne, sur la France, moins le bassin du Rhône, sur le centre de l'Europe, c'est-à-dire sur l'Allemagne, moins le nord de ce pays et la Suisse, sur l'Italie septentrionale, sur les Alpes Orientales et sur toute la région du Moyen et du Bas Danube. Les villes de *Lugidunum* (Liegnitz) dans la Sibérie, de *Noviodunum* (Isakscha) en Roumanie, de *Carrodunum* en Russie, sur le Bas-Dniester, marquaient à l'Est l'extrême frontière de cet empire colossal (1). »

Rien n'égale la grandeur de la race celtique dans l'antiquité. Comme une immense nébuleuse, elle s'épanche partout hors de son noyau central. En dehors de la Germanie, où elle s'est d'abord formée, et de la Gaule, où elle s'est ensuite condensée, elle forme une Gaule cisalpine dans la vallée du Pô, une Gaule celtibérique dans la vallée de l'Ebre, une Gaule britannique, une Gaule balkanique, une Galatie ou Gallo-Grèce jusque dans l'Asie. Et que voilà bien un vieux titre dont nous pourrions nous prévaloir pour revendiquer notre part dans le partage de l'Anatolie, si nous n'en avions de plus récents ! « Bien des grandes villes européennes, dit le savant Camille Jullian, de l'Institut, doivent leur origine aux Celtes : Cracovie en Pologne, Vienne en Autriche, Coïmbre en Portugal, York en Angleterre, Milan en Italie ont des noms qui viennent du gaulois : ce sont

---

(1) *Histoire de France* de E. LAVISSE, t. Ier, vol. II, p. 26, par M. BLOCH.

des fondations d'hommes de notre pays et de notre race (1). »

Les Germains étaient alors humblement soumis aux Celtes. « Cette subordination, dit M. Bloch, se traduit d'une manière frappante dans leur langue. On a démêlé en effet dans la langue germanique certains emprunts faits au vocabulaire celtique. Ils se réduisent à un assez petit nombre de mots, mais qui ont tous rapport à la politique et à la guerre, les plus propres par conséquent à démontrer la suprématie du peuple qui les avait imposés (2). »

A cette époque, nos pères n'occupaient pas seulement la rive gauche, mais encore toute la rive droite du Rhin et les contrées adjacentes très loin à la ronde. Le Rhin fut donc pendant des siècles un fleuve entièrement celtique. « Le nom du Rhin, *Renos*, est un nom celtique que les Celtes ont transporté en Italie, en France, en Irlande. En Italie, ils l'ont donné à la petite rivière du *Reno*, voisine de la ville qu'ils ont appelée *Bononia* (Bologne). En France, ils l'ont appliqué à un affluent de droite de la Loire, le Reins, *Renus*; en Irlande, il a pris un sens plus général et a désigné la mer (3). »

Les Celtes, vers le 1ᵉʳ siècle avant Jésus-Christ, abandonnèrent la rive droite qui devint ger-

(1) *Gallia*, par Camille JULLIAN, p. 12. Paris, Hachette.
(2) *Histoire de France* de LAVISSE, t. Iᵉʳ, vol. II, p. 24, par M. BLOCH.
(3) *Ibidem*, p. 23.

manique, mais ils restèrent sur la rive gauche. La
population de cette rive s'est chargée au cours des
siècles d'éléments étrangers, mais elle est restée
au fond substantiellement la même, c'est-à-dire
celtique.

*
* *

Période gallo-romaine.

Lorsque César eut conquis la Gaule, celle-ci
adopta rapidement la civilisation romaine. Elle
ne fut jamais l'esclave de Rome, mais son associée.
Ses fils eurent accès aux plus hautes dignités de
l'Empire et deux d'entre eux, Tetricus et Avitus,
ceignirent même la couronne impériale. Les
empereurs résidèrent bientôt habituellement en
Gaule, à Arles, à Vienne, à Lyon, à Lutèce, à
Trèves. C'est de là que plusieurs d'entre eux gou-
vernèrent le monde.

La terre gallo-romaine, naturellement riche et
couverte de monuments artistiques superbes, exer-
çait de plus en plus une attraction sur les Germains
moins fortunés. Mais les légions romaines ou gallo-
romaines, parmi lesquelles se distingua à l'origine
la fameuse légion de l'*Alouette*, fondée par César,
montaient la garde sur le Rhin. Sous les ordres
de Drusus et de Germanicus, elles refoulèrent si
bien les Barbares qu'ils ne purent jamais s'établir
sur la rive occidentale.

Le Rhin resta donc toujours la limite de la Gaule
romaine, comme de la Gaule celtique. Il en était

ainsi au temps de Vercingétorix. César écrit : « *La Gaule s'étend du Rhin aux Pyrénées et des Alpes à l'Océan.* » M. Gustave Hervé a écrit que « Jules César donnait, il y a deux mille ans, le Rhin comme limite *à vue de nez* à la vieille Gaule ». Ce mot étonne de la part d'un professeur français, qui doit savoir que César a parcouru pendant dix ans la Gaule dans tous les sens, des bords du Rhin à la Bretagne, qu'il a traité avec toutes ses tribus, qu'il en notait minutieusement les caractères et la politique. Son témoignage est donc absolument irréfragable. Il concorde d'ailleurs avec celui des historiens et géographes grecs et latins des premiers siècles, Strabon, Tacite, Ptolémée, Polybe, Plutarque, Cyprien, Josèphe et Pline, qui donnent tous le Rhin comme frontière orientale à la Gaule. Tacite nous dit : « *La Germanie est séparée de la Gaule par le Rhin.* »

On comprend mieux une pareille critique de part des Allemands. Ils sont dans leur rôle en diminuant les droits et la grandeur de notre pays. Voici un exemple curieux de cet acharnement qu'ils mettent à nous dépouiller de nos gloires. Il a été raconté avec esprit par M. Maurice Barrès dans l'*Écho de Paris*.

César et Strabon disent formellement que le territoire des Médiomatriques, habitants de Metz, s'étendait jusqu'au Rhin. C'est d'ailleurs *a priori* très vraisemblable. Un peuple gaulois, maître de Metz, pouvait facilement par le col de Saverne descendre jusqu'à Strasbourg et devait tenir à s'appuyer au grand fleuve, véhicule de richesse. Le nom de Médiomatriques contient le radical Matra ou Motra, où l'on reconnaît la Moter ou Moder, principale rivière de la Basse-Alsace. D'ailleurs, personne jusqu'ici n'avait contesté la véracité et l'authenticité du témoignage de Strabon et de César. Il est accepté sans objection par Ernest Desjardins dans sa *Géographie de la Gaule Romaine*.

Mais il a déplu aux savants allemands que le pays messin et alsacien ait été gaulois. Ils ont donc décrété que le texte de César était interpolé et celui de Strabon de seconde main, copié chez un auteur alexandrin, Timagène, qui vivait à Rome au temps d'Auguste et ne connaissait la Gaule que par ouï-dire. Ils se sont d'ailleurs bien gardés d'apporter une preuve sérieuse de ces deux assertions, dont la précision a un air scientifique destiné à en imposer aux admirateurs de la Kultur.

Néanmoins, comme tout ce que rêve un Allemand est vérité sacro-sainte, le géographe Kiepert, dans la dernière édition de son *Atlas antiquus* (1914), a placé la limite des Médiomatriques aux Basses-Vosges. De la sorte, tout ce qui est au delà est baptisé germanique, germanique l'Alsace, germanique toute la rive gauche. Le tour est joué. Cela s'appelle en allemand de la science, mais en bon français c'est de la malhonnêteté.

Les auteurs du IV⁰ et du V⁰ siècle nous montrent une vie gallo-romaine intense sur toute cette rive gauche du Rhin. Les villes ont des noms latins ou même de vieux noms celtiques ; Aix-la-Chapelle c'est *Aquæ* ; Cologne, *Colonia Agrippina* ; Coblentz, *Confluentes*, le confluent de la Moselle et du Rhin ; Mayence, *Moguntia*, la ville de Drusus ; Worms, *Borbetomagus* ; Spire, *Noviomagus* des Gaulois, et *Colonia Nemeta* des Romains ; Trèves, *Colonia Augusta Trevirorum* ; Metz, *Divodurum* ; Strasbourg, *Argentoratum*. Les nombreux noms en *gau, spey, mag, wall* ou *fall* indiquent une origine celtique. Le *Druidenberg*, la montagne des Druides, nous révèle la présence d'un collège de prêtres gaulois, Les musées de Mayence, de Trèves, de Cologne, regorgent d'antiquités celtiques et gallo-romaines.

La plus grande, la plus riche des villes cisrhénanes était Trèves. Sa situation sur la Moselle, par où elle commandait le cours moyen du Rhin, lui donnait une extrême importance pour la défense de la Gaule. Aussi l'Empire en avait fait au ivᵉ siècle la capitale militaire de la Gaule, le boulevard de l'Occident contre les invasions germaniques. Les légions s'élançaient de là sur tous les points menacés par les Barbares. « *C'était*, a dit éloquemment M. Maurice Barrès, *la proue latine que battaient les flots du Nord.* » Le poète Ausone, qui a chanté en un poème lyrique les charmes de la Moselle, considère Trèves comme la première ville des Gaules. « C'est elle, dit-il, qui nourrit, habille et arme les peuples de l'Empire. »

Sa gigantesque Porte Noire, son palais impérial, ses thermes, ses arènes, ses mausolées témoignent

encore de sa splendeur passée. « Trèves, nous dit
M. Camille Jullian, est aujourd'hui encore par ses
ruines une ville toute romaine : c'est la seule cité
du Nord qui ressemble à Nîmes et à Arles : elle
mérite le surnom qu'on a pu lui donner quelque-
fois d'Arles du Nord... A voir toutes ces ruines
encore superbes, on sent le suprême effort du
monde romain à la porte de la barbarie. Pendant
tout le IV° siècle la vie militaire de l'Occident et
les espérances de la Gaule et de l'Italie ont tenu
dans ces murs (1). »

Invasions et infiltrations germaniques.

La possession de la rive gauche du Rhin et
même du reste de la Gaule a été âprement disputée
à nos pères par les Germains. Mais ceux-ci n'ont
jamais réussi à s'y installer en maîtres pendant
cette période gallo-romaine.

Ils y venaient tantôt en dévastateurs, comme des
trombes renversant tout sur leur passage, tantôt
en paisibles immigrants qui s'établissaient dans
le pays d'accord avec les indigènes.

Il faut bien distinguer entre ces dernières
infiltrations pacifiques et les invasions à main
armée. Les invasions ne créent aucun droit aux
envahisseurs ; au contraire, elles fournissent aux

(1) *Gallia*, par Camille JULLIAN, p. 297.

envahis un motif de résistance et de représailles. Quant aux infiltrations, nous verrons qu'elles se retournaient spontanément contre la Germanie et que la Gaule n'eut pas à s'en plaindre.

Les invasions germaniques. — Déjà, au second siècle avant Jésus-Christ, les Cimbres et les Teutons avaient ravagé l'Occident et particulièrement la Gaule. Ils furent vaincus par Marius, les Cimbres à Verceil dans le Piémont en l'an 101, et les Teutons près d'Aix-en-Provence en l'an 102. Ils commirent beaucoup de dégâts, mais le Rhin resta gaulois après leur disparition.

En l'an 60 avant Jésus-Christ, deux peuples gaulois étaient en guerre. Les Séquanes (Franche-Comté), écrasés par les Éduens (Bourgogne), appellent à leur secours Arioviste, chef germain. Celui-ci accourt avec une cohue d'aventuriers, Suèves, Marcomans, Triboches, etc. Mais après avoir délivré les Séquanes, il s'installe dans leur pays et refuse de partir. César accourt à son tour, et refoule Arioviste et sa horde dans la Haute-Alsace (en 58). Cet événement fut l'origine de la conquête de la Gaule par les Romains.

Au temps d'Auguste, les Barbares recommencent à inquiéter le front romain. L'empereur résolut de réprimer leurs incursions et de conquérir la Germanie comme César avait conquis la Gaule. Il en chargea son fils adoptif Tibère et le frère de celui-ci, Drusus, qui poussèrent des pointes victorieuses au delà du Rhin. Drusus fit de Mayence une colonie et une citadelle importante, la vigie gallo-romaine du Rhin. Les Germains furent soumis. Une de leurs tribus, celle des Ubiens, montra même bientôt son loyalisme envers Rome, en élevant un autel à Auguste dans sa cité située sur l'emplacement de la future ville de Cologne.

Rome défendait bien la rive gauche du Rhin et faisait quelques conquêtes sur la rive droite, mais ne réussissait pas à soumettre l'immensité germanique, dont les tribus vaincues relevaient la tête sitôt après le passage des légions. La nation des Marcomans, fortement établie dans les monts de Bohême et commandée par son roi Marbod, bravait Tibère retenu par les révoltes de la Pannonie et de la Dalmatie.

En l'an 9 après Jésus-Christ, un chef chérusque, -Hermann, en latin Arminius, qui servait dans l'armée romaine, attira perfidement Varus dans un guet-apens et fit massacrer ses légions dans la forêt de Teutberg. Les Allemands ont fait de ce traître leur héros national. On ne s'imagine pas à quel point il est populaire parmi eux et avec quel enthousiasme leurs poètes l'ont chanté. N'est-il pas doublement leur modèle et par ses mœurs et par son esprit ? Par ses mœurs d'abord : n'a-t-il pas le premier mis en honneur l'*avant-guerre*, en vivant chez les Romains pour les étudier et les mieux trahir ? Par son esprit ensuite : il incarne à leurs yeux la haine de Rome et le triomphe du germanisme sur le monde latin. Non seulement ils ne rougissent pas de sa félonie, mais ils en sont fiers. L'espionnage, la trahison, les embûches, tout est légitime et saint, dès qu'il s'agit d'écraser l'éternelle ennemie, la race latine qui a commis le crime d'éclipser si longtemps la race tudesque. Tout vrai Germain est un fils et un disciple d'Arminius. Tout vrai Germain, depuis cet espion jusqu'à Henri IV, Frédéric Barberousse et Frédéric II, jusqu'à Luther, jusqu'à Guillaume II, est l'ennemi de Rome. Tout vrai Germain peut répéter la parole que le Vandale Genséric disait à ses familiers : « *J'entends souvent une voix qui me dit tout bas d'aller détruire Rome.* »

Comparez les deux héros nationaux de la Gaule et de la Germanie dans leur lutte contre Rome. Vercingétorix est un héros noble, chevaleresque. Arminius est un vil bandit. L'un annonce Roland et l'autre Ganelon.

Le désastre de Teutberg fut un coup douloureux pour Auguste. Il chargea Tibère, en l'an 11, puis Germanicus, fils de Drusus, en l'an 13, de le venger. Germanicus mena une brillante campagne jusqu'à l'Elbe. Mais Tibère devenu empereur en l'an 14, et jaloux sans doute de ses succès, lui retira, en l'an 16, son commandement.

On peut se demander ce qui serait arrivé si Tibère avait continué la politique d'Auguste et si Rome avait subjugué la Germanie après la Gaule. La face du monde en eût été changée. Peut-être les Germains, civilisés comme nos pères, seraient-ils aujourd'hui plus fiers qu'eux de leur latinité et le monde ignorerait-il cette chose odieuse, le pangermanisme.

Mais Rome avait compris qu'elle devait renoncer aux projets de conquête d'Auguste et se contenter d'une puissante défensive. Elle fortifia la ligne du Rhin inférieur jusqu'à Mayence. La cité des Ubiens s'agrandit et s'appela *Colonia Agrippina* (Cologne) en l'an 50, en l'honneur d'Agrippine, fille de Germanicus. Vespasien, Domitien, Trajan élevèrent contre la Germanie le *Limes Romanus*, le seuil romain. C'était une longue muraille ou plutôt une levée de terre de cinq mètres de hauteur et de huit cents kilomètres de longueur, défendue de quinze en quinze kilomètres par des fortins, *castella*, qui allait de Coblentz sur le Rhin au Danube. Le *Limes* n'aurait pu arrêter une forte invasion, mais il permettait aux Romains de surveiller l'ennemi et constituait en même temps une limite douanière. Avec la ligne du Rhin inférieur qu'il continuait, il protégeait suffisamment la Gaule et l'Italie contre la barbarie teutonne. Mais on voit que la rive gauche restait toujours parfaitement gallo-romaine.

En l'an 70, Civilis, chef de la peuplade des Bataves, entraîna ses compatriotes, quelques autres tribus germaniques et même les Gaulois Lingons et Trévires dans une révolte contre Rome. La prêtresse Velléda enflammait leur ardeur et leur haine contre l'Empire. Des légions romaines furent encore massacrées. Mais le reste de la Gaule demeura fidèle et la tentative germanique fut étouffée dans le sang.

En 275, une invasion mit tout à feu et à sang

dans la Gaule. Soixante villes opulentes où s'élevaient les plus splendides monuments furent détruites. Mais, comme toujours, les malfaiteurs disparurent et la rive gauche resta désolée, mais toujours libre et gauloise.

En 406, nouveaux et plus grands désastres. Tandis que les Wisigoths pénètrent et s'arrêtent quelque temps en Italie pour venir s'établir en 412 dans le midi de la Gaule, les Burgondes, les Suèves, les Alains, les Vandales passent le Rhin et commettent les plus épouvantables excès.

Saint Jérôme s'écrie en gémissant que la Gaule est devenue germanique. Les Vandales, descendus de la Prusse actuelle entre l'Oder et la Vistule, se distinguent parmi tous les Barbares par leur barbarie, comme les Prussiens de nos jours parmi les autres Allemands. La horde se promène pendant plus d'un siècle à travers l'Occident, couvre de ruines l'Italie, l'Espagne et l'Afrique du Nord, jusqu'au jour où ses débris sont exterminés par Bélisaire.

Mais si les Vandales sont morts, le vandalisme leur a survécu. Les Germains ont soigneusement recueilli cet héritage de leurs frères. C'était le germanisme du v° siècle. Celui du xx° siècle est encore pire. Guillaume II a dépassé son ancêtre Genséric !

En 450, Attila se précipite sur la Gaule. Il traîne derrière lui, outre ses Huns qui sont d'origine tartare, d'innombrables guerriers de race germanique qu'il a raccolés sur toutes les routes de l'Europe centrale, et dont la férocité n'est pas moindre que celle de leurs alliés. Mais il est vaincu à la célèbre journée des champs catalauniques, en 451, par les Gallo-romains d'Aétius, les Francs de Mérovée et les Wisigoths de Théodoric. La rive gauche saigne toujours, mais elle est restée gauloise.

Les infiltrations germaniques. — On vient de voir parmi les vainqueurs d'Attila deux peuples d'origine germanique, les Francs et les Wisigoths. Ils avaient pénétré en Gaule, eux aussi, l'épée à la main, mais leur invasion, celle des Francs surtout, n'avait pas eu le caractère de barbarie qui signalait d'ordinaire celles de leur race.

Depuis longtemps déjà certaines tribus d'outre-Rhin s'établissaient pacifiquement sur un territoire que la population gauloise leur abandonnait. Incorporées à la nation adoptive, elles étaient bientôt assimilées par elle et épousaient ses intérêts.

Cette faculté assimilatrice de la Gaule et la faculté correspondante qu'ont les Germains de se dégermaniser, quand ils entrent en contact avec la race latine, sont deux facteurs extrêmement importants dont il faut tenir compte dans nos relations passées et futures avec l'Allemagne. Elles sont peut-être appelées à aplanir bien des difficultés dans les règlements de compte qui suivront cette guerre.

Après le désastre d'Arioviste, César avait permis à quelques milliers de guerriers, de la tribu

des Triboques ou Triboches, — un nom prédes-
tiné ! — de s'installer près de Strasbourg. Les
Eburons, qui habitaient sur la Basse-Meuse — le
pays actuel de Liége et de Maëstricht — étaient
également d'origine germanique. Bien accueillis
par la Gaule, ils adoptèrent sa langue et son
esprit : sincèrement naturalisés, ils firent preuve
de loyalisme. Les Eburons étaient les clients de la
puissante nation des Trévires ; ils prirent des noms
gaulois ; leur prince Ambiorix fut un des plus
vaillants champions de la liberté de la Gaule.

Le plus illustre exemple de cette assimilation
fut la fusion des Francs et des Gaulois au vᵉ et
au viᵉ siècle. Les Francs, en se faisant chrétiens, en
se mêlant à la race celtique, se dégermanisèrent, se
latinisèrent, se civilisèrent avec une étonnante
rapidité, puis, par une volte-face hardie, se retour-
nèrent contre leurs anciens frères et mirent fin à
leurs brigandages en les battant sous Clovis, à
Tolbiac (496). A partir de ce jour, la barrière du
Rhin fut fermée pour des siècles à la Barbarie :
Gallia Germanis clausa, comme dira un jour
Louis XIV.

* *
*

Période franque.

Les Francs ont contraint les Alamans à rentrer
dans leurs Allemagnes. La rive gauche est purifiée
de la souillure germanique. Elle reste gauloise
tout en devenant franque. Clovis la visite, il

remonte le cours du fleuve jusqu'en Alsace ; il y
édifie des églises et des abbayes. Ses descendants,
notamment Clotaire et Dagobert, suivent ses
traces. On retrouve çà et là les ruines ou les souvenirs des monuments qu'ils y élevèrent. Il faut
croire que ces souvenirs restèrent longtemps bien
vivants, car, dix siècles plus tard, comme nous le
verrons bientôt, lors de l'expédition de Henri II
sur le Rhin, le maréchal de Vieilleville les rappelait avec une mélancolique fierté et y voyait le
fondement de nos droits historiques.

C'est alors que la France se divise en France de
l'Est ou Austrasie et France de l'Ouest ou Neustrie. L'Austrasie comprend la France meusienne,
mosellane et rhénane. Sa capitale est d'abord
Reims, puis Metz. Elle comprend, outre la Hollande
et la Belgique, toute la rive gauche du Rhin, c'est-
à-dire la région que nous devons reprendre aujour-
d'hui : de là l'idée que nous avons suggérée plus
haut, mais sous toutes réserves, de redonner le
nom d'Austrasie à cette région.

Les rois d'Austrasie étendent leur pouvoir bien
au delà du Rhin ; ils vont fréquemment châtier les
Barbares de la Bavière et de la Saxe. Ils détestent
l'Allemagne ; ils sont donc bien francs et non
teutons, quoi qu'en disent les Teutons de nos
jours.

Sous la dynastie carolingienne la rive gauche
est de plus en plus franque. Charlemagne, roi des
Francs, empereur des Romains et conquérant des
Allemagnes, n'est pas germain, bien que les Alle-

mands le revendiquent. Il appartient comme Clovis à la race franque qui est depuis longtemps dégermanisée ; sa famille est originaire de la Belgique, mais la Belgique est essentiellement gallo-franque. Il a une résidence à Aix-la-Chapelle, mais c'est un poste d'où il surveille la Barbarie germanique et d'où il peut s'élancer pour la réprimer. Son vrai peuple, c'est le peuple franc de Neustrie et d'Austrasie, sur la fidélité et l'amour duquel il se repose, tandis qu'il doit toujours batailler et sévir contre la tumultuaire patrie de Witikind. Celle-ci n'est pour lui qu'un pays de conquête, une sorte de colonie où il est obligé de porter le fer et le feu pendant près d'un demi-siècle.

V

L'USURPATION GERMANIQUE

La Rive gauche devient germanique.

Au traité de Verdun en 843, l'empire de Charlemagne est divisé entre les trois fils de Louis le Débonnaire. Charles le Chauve a la France, Louis le Germanique l'Allemagne, tandis que Lothaire, outre le titre d'empereur, l'Italie et une partie de la Germanie entre Rhin et Weser, obtient un royaume intermédiaire qui s'étend du Nord au Sud entre le Rhin, l'Escaut et la Meuse et comprend en plus la Bourgogne et la Provence.

Ce royaume, sorte d'État-tampon entre la France et l'Allemagne, coïncide à peu près avec l'ancienne Austrasie ; mais en 855, lorsque Lothaire Ier abdique, la partie septentrionale, qui s'étend du lac Léman à la mer du Nord, échoit à son fils Lothaire II, et prend de lui le nom de Lotharingie d'où est dérivé celui de Lorraine.

La rive gauche est ainsi détachée de la Gaule pour la première fois, mais elle n'est pas rattachée à l'Allemagne : elle est neutre.

Et elle reste neutre de 843 à 869, à la mort de Lothaire II, pendant vingt-six ans. Elle fait alors en grande partie retour à la France pour dix ans, de 869 à 879, sous le sceptre de Charles le Chauve.

En 879 elle devient pour la première fois allemande sous le roi de Germanie Arnoulf et le reste trente-deux ans. En 911 elle redevient française sous Charles le Simple pendant douze ans, jusqu'en 923 où elle est définitivement et pour des siècles incorporée à l'Allemagne.

Pour résumer, la rive gauche du Rhin, ibérique et ligurique pendant des siècles, est gauloise, gallo-romaine, puis gallo-franque, environ mille ans avant le Christ et près de mille ans après lui. Voilà pour nous, fils des Ibères, des Ligures, des Gaulois, des Latins et des Francs, un droit historique, une possession bi-millénaire qui fait pâlir tous les titres de l'Allemagne.

L'Allemagne n'avait aucun droit à n   " main sur cette région. Elle sortait de chez elle. Elle prenait un bien qui nous appartenait de temps immémorial. C'était une usurpation, comme le dira un jour Richelieu, un rapt politique. A qui en revenait la faute ? A la cupidité des souverains allemands trop bien servie par les institutions du temps.

Le partage que les Carolingiens se firent à plusieurs reprises de l'immense empire paternel était arbitraire, inspiré par leur ambition personnelle. Ils ne tenaient compte que des avantages qu'ils retiraient de l'héritage sans se demander si cet héritage n'avait pas des droits : il en avait cependant, car ce n'était pas une terre morte, mais un peuple vivant ou plutôt un monde de peuples.

Le nombre des parts et, par suite, la condition et le groupement des peuples dépendaient d'une circonstance fortuite, du nombre des héritiers. Si, au lieu d'être trois, les fils de Louis le Débonnaire avaient été deux au traité de Verdun, l'un aurait eu l'Allemagne et l'autre la France, et la rive gauche fût restée française au lieu de former le royaume hybride de Lotharingie : s'ils avaient été dix, on aurait créé dix royaumes pour les apanager. Du droit des populations, de leurs vœux, de leurs affinités ethniques et morales, il n'était pas question.

*
* *

Protestations de la France.

On ne voit pas dans les chroniques que l'attribution de leur pays à la Germanie ait soulevé des protestations parmi les peuples cisrhénans. Mais ce silence n'est pas surprenant ; les intéressés n'étaient pas consultés ; ils avaient l'habitude de se résigner, n'ayant aucun moyen de faire triompher leur droit, et, s'ils avaient crié, leur cri fût demeuré sans écho.

Cependant la mainmise de l'Allemagne sur notre domaine était si irrégulière que, à défaut du menu peuple sacrifié, les rois de France et nos hommes d'État ne cessèrent de protester au cours des siècles jusqu'au jour où ils finirent par obtenir plus ou moins complètement justice.

Cette conscience que nos pères avaient de leurs

droits est la cause qui, pendant un siècle environ, fit, comme nous l'avons vu, osciller la possession de la Lotharingie entre les rois de France et ceux d'Allemagne. A la mort de Lothaire II, décédé sans enfants en 869, les seigneurs et prélats du royaume appelèrent non pas Louis le Germanique, mais Charles le Chauve que l'archevêque de Reims, Hincmar, alla sacrer roi de Lotharingie à Metz.

Il en fut encore de même en 911 : les grands de ce royaume élurent le roi de France, Charles le Simple, qui sut faire respecter par Conrad et Henri l'Oiseleur ses droits sur l'Alsace et la Lorraine.

Lorsque la conquête du pays contesté eut été consommée au profit des souverains de la Germanie et alors même qu'elle semblait devoir être éternelle, sa légitimité paraissait douteuse à des Allemands eux-mêmes. Au XIIᵉ siècle, Otton de Freissingen, évêque de Bavière, petit-fils et neveu d'empereurs, écrivant la vie de Frédéric Barberousse, dit incidemment que, « le Rhin franchi, on se trouve passé d'Allemagne en Gaule » ; il regarde même comme gauloises, non seulement les villes d'Alsace, mais Spire et Mayence.

En 1299, Philippe le Bel a une entrevue à Vaucouleurs avec l'empereur Albert d'Autriche. A cette nouvelle, toute la France tressaille, persuadée qu'une pareille rencontre ne peut avoir pour objet que la rétrocession de nos antiques possessions rhénanes. Guillaume de Nangis écrit : « On dit qu'il fut convenu alors que le royaume de France, dont l'extrême frontière était marquée par le cours de la Meuse, reculerait jusqu'au Rhin. »

En 1208, Philippe-Auguste revendique Metz et une partie de la Lorraine. S'il ne réussit pas à les reconquérir, il a, du moins, la gloire de battre les Allemands à Bouvines.

Charles VII, à peine délivré des Anglais, songe à bouter les Allemands eux aussi hors du royaume, c'est-à-dire à reprendre non seulement l'Alsace et la Lorraine mais encore toute la rive gauche du Rhin. Voici les importantes paroles qu'il prononçait en 1444 : « *Le royaume de France a été depuis beaucoup d'années dépouillé de ses limites naturelles qui allaient jusqu'au Rhin ; il est temps d'y rétablir sa souveraineté.* »

Il passa immédiatement des paroles aux actes, en concertant avec son fils, le futur Louis XI, une action vigoureuse sur le Rhin. Le Dauphin pénétra dans la Haute-Alsace par Belfort, à la tête de 20.000 Écorcheurs, soudards à qui la cessation de la guerre avec l'Angleterre créait de redoutables loisirs et dont il fallait débarrasser le royaume. Il voulut s'emparer de la ville de Bâle, et, à la fin d'août 1444, infligea aux Suisses la sanglante défaite de Saint-Jacques. Les ambassadeurs impériaux étant venus lui faire des remontrances le 2 septembre, il leur dit qu'il avait pris les armes « pour recouvrer certaines terres, soumises anciennement à la couronne de France, qui s'étaient soustraites, volontairement et frauduleusement, à l'obéissance de cette couronne ». Puis il fit prendre à ses troupes leurs quartiers d'hiver en Alsace, où elles se livrèrent à de terribles excès.

De son côté, le roi en personne s'empara, le 4 septembre, d'Épinal. Mais il ne put entrer dans Metz qui lui ferma ses portes. Les ambassadeurs de la cité ayant été reçus en audience royale, le conseiller Jean Rabateau leur dit : « *Le roi prouvera suffisamment, si besoin est, par les chroniques et par l'histoire, que les Messins ont été, de tout temps, sujets du roi, de ses prédécesseurs et du royaume.* » Charles se contenta d'affirmer ainsi ses droits, mais renonça pour le moment à les faire triompher en face de la résistance énergique des Messins. L'année suivante il conquit Toul et Verdun.

Cette double expédition n'eut pas de suites immédiates. Mais elle posa la question, elle affirma les droits de la couronne, elle orienta la politique française vers « les limites naturelles ». Elle impressionna les esprits en Alsace et commença à les tourner vers la France au grand dépit des germanisants. L'humaniste Wimpheling, de Schlestadt, (1450-1528), s'emporte dans sa *Germanie* contre « *ceux qui, par ignorance, se laissent aller à croire aux droits antiques des Valois sur la rive gauche du Rhin et qui préfèrent la France au Saint-Empire germanique* ». Il y avait donc dès cette époque un parti français en Alsace. Il aurait été beaucoup plus fort, si le roi et le dauphin avaient su réprimer la barbarie des Écorcheurs.

**
**

La campagne de Henri II.

Charles VII avait échoué devant Metz. Sa conquête de Toul et de Verdun avait été éphémère. Henri II recommença la même tentative en 1522 et fut plus heureux. Il reprit les trois grandes villes lorraines. Ce fut le premier pas de la France dans la voie de la reconquête. Mais cette campagne a un intérêt plus général, car elle manifeste les visées de la monarchie sur les provinces voisines elles-mêmes et sa résolution de les reprendre coûte que coûte.

Dans un lit de justice tenu à Paris au mois de février, Henri II avait annoncé qu'il allait faire la guerre à l'Allemagne : dans un manifeste contre Charles-Quint, il faisait revivre les anciens droits de la France contre sa rivale héréditaire. Cette nouvelle excita d'ardentes espérances et un immense enthousiasme dans le pays. On ne parlait que d'aller démembrer l'Empire et de reconstituer l'antique royaume d' « Austrasie ». L'idée de reprendre le Rhin exaltait toutes les têtes, tous les cœurs, et rien ne prouve mieux combien grand était le patriotisme antigermanique.

Le maréchal de Vieilleville nous dit : « *Toute la jeunesse se dérobait de père et de mère pour se faire enrôler ; les boutiques demeuraient vides d'artisans, tant était grande l'ardeur, en toutes qualités de gens, de faire ce voyage et de voir la rivière du Rhin !* »

Rabelais écrivait alors le prologue du III° livre de *Pantagruel*. Il se laisse gagner à l'enthousiasme général : « Par tout ce très noble royaume de France... un chascun aujour'huy part à la fortification de sa patrie et la défendre ; part au repoulsement des ennemis et les offendre ; le tout en police tant belle, en ordonnance si mirifique et à profit tant évident pour l'avenir, car *désormais sera France superbement bornée et seront Français en repos assurés...* »

Le 10 avril, en même temps que le connétable de Montmorency prend Metz, le roi reçoit les clefs de Toul. De là, il se rend à Nancy, puis, par le col de Saverne, il descend dans la plaine de l'Alsace. Le maréchal de Vieilleville qui faisait partie de l'expédition raconte que, arrivé sur une crête des Vosges, il resta ébloui du spectacle qui s'offrait à son regard :

« Tant que la vue se peut étendre, dit-il dans ses *Mémoires*, on découvrait une belle et fort grande plaine qui dure près de six grandes lieues de pays, peuplée de gros et grands villages, riches et opulents, de bois, rivières, ruisseaux, prairies et autres lieux de profits. »

A son retour le roi s'empara de Verdun en juillet. Cette expédition, commencée sous les meilleurs auspices, ne réussit qu'à prendre les Trois-Évêchés, mais échoua tristement en Alsace et dans les provinces rhénanes : les maladresses des chefs et les violences des soldats en furent la cause. Nos troupes furent bien reçues à Wissembourg, mais repoussées ou mal accueillies partout ailleurs, à Strasbourg, à Spire, à Haguenau.

Cet échec laissa d'amers regrets au cœur de la France. Le maréchal de Vieilleville rappelle avec tristesse que la rive gauche du Rhin nous revient et qu'elle est pleine de souvenirs de la munificence française : « Toutes les églises, cathédrales et grosses abbayes, écrit-il, sont bâties et fondées de nos rois, comme aussi les tours et anciens châteaux et la plupart des murs et enceintes des meilleures villes. Même un seul roi, nommé Dagobert, a fondé douze beaux monastères sur la rivière du Rhin et établi Strasbourg en évêché, imitant en cette dévotion le roi Clotaire son père, qui en avait fondé trois ou quatre et érigé Trèves en archevêché. » On voit que nos pères connaissaient et savaient invoquer le droit historique.

D'après Sully et d'Aubigné, Henri IV avait formé un « grand dessein », celui d'anéantir la maison de Habsbourg et de reconstituer la chrétienté sur un nouveau plan. Il y a lieu de croire que Sully, qui avait de l'imagination, a embelli ou exagéré le projet du Roi, mais ce projet a existé. Or, il comportait l'émiettement de l'Allemagne et la reprise des terres françaises perdues au xe siècle. Mais d'autre part, et c'est en quoi éclate le bon sens du Béarnais, il n'impliquait pas d'annexion sur la rive droite du Rhin. Déjà Henri IV avait préparé une puissante armée, appuyée par les meilleures finances de son temps, et il allait partir pour Clèves, quand le poignard de Ravaillac l'arrêta.

VI

LA PREMIÈRE RECONQUÊTE
DE L'ALSACE

Les visées de Richelieu sur le Rhin.

Les temps approchaient où la France, devenue plus forte, allait enfin réaliser son rêve séculaire, la reconquête des terres cisrhénanes. Mais elle devait procéder par étapes et reprendre successivement l'Alsace, la Lorraine et la province du Rhin inférieur.

Richelieu affirme énergiquement les droits de la France sur la rive gauche du Rhin : « *La suzeraineté du duché de Lorraine, disait-il, n'appartient à l'Empereur que par une antique usurpation sur la couronne de France.* »

Il a écrit dans son *Testament politique* :

« *J'ai voulu rendre à la Gaule les limites que la nature lui a destinées, identifier la Gaule avec la France et, partout où fut l'ancienne Gaule, y restituer la nouvelle.* »

Après la reprise du duché de Bar sur Charles de Lorraine, un conseiller du roi écrivait :

« Nos ancêtres ne devaient point souffrir, du moins parmi les Français, que les terres de l'ancien royaume de Lorraine qui bornent la France fussent appelées « Terres de l'Empire », à cause du préjudice qu'elle en recevait. Il n'y a point de doute que cette dénomination a ôté de la mémoire des peuples que ces terres aient été usurpées sur la France.

« Maintenant que notre monarque a reconquis plusieurs provinces, villes, cités et places d'importance de son ancien royaume de Lorraine, il faut bannir cette appellation de « Terres de l'Empire », lorsqu'il sera question de désigner celles qui sont entre la Meuse et le Rhin. »

Richelieu est résolu d'aller jusqu'au bout, mais, prudent et avisé, il ne veut pas compromettre le succès par une attaque brusquée. Il déclare en 1629, dans un « avis au Roi », qu' « *il faut penser à se fortifier à Metz et s'avancer jusqu'à Strasbourg, s'il est possible, pour acquérir une entrée en Allemagne, ce qu'il faut faire avec beaucoup de temps, grande discrétion et une douce et couverte conduite.* »

*
* *

L'Alsace offerte à la France.

Mais des événements inattendus amenèrent bien plus vite que Richelieu ne l'avait espéré le retour de l'Alsace à la France.

En 1632, les Suédois, alliés de la France, avaient occupé l'Alsace, terre d'Empire, et l'avaient terriblement saccagée. Plusieurs villes, entre autres Saverne et Haguenau, pour échapper à leur fureur, se donnèrent à la France. En 1634, les Suédois et les princes confédérés d'Allemagne, voulant obtenir des secours de Louis XIII, offrirent de lui remettre l'Alsace en dépôt.

Comprenant sans doute que cette conquête serait précaire et susciterait de grosses difficultés, Richelieu ne l'accepta pas directement pour la France, mais en confia provisoirement le gouvernement à notre allié Bernard de Saxe-Weimar, se réservant de l'annexer en des temps meilleurs. Bernard eut fort à faire pour défendre l'Alsace contre nos ennemis ; mais, grâce à son activité et au subside annuel de quatre millions de livres qu'il recevait de Paris, il parvint à consolider son autorité. Cependant il prenait goût au métier de souverain et commençait à montrer des velléités d'indépendance qui inquiétaient Richelieu, lorsqu'il mourut fort opportunément le 18 juillet 1639. Les capitaines de son armée offrirent de nouveau l'Alsace à la France, qui, cette fois, ne se fit plus scrupule de l'accepter et de l'occuper (octobre 1639).

*
* *

Le traité de Westphalie et l'Alsace.

Mazarin qui succéda à Richelieu en 1642 avait les mêmes vues que lui sur les provinces rhénanes. « *Il faut*, écrivait-il, *étendre nos frontières au Rhin de toutes parts.* » On voit, par ce mot : de toutes parts, qu'il ne se contentait pas de l'Alsace.

Pendant les négociations qui aboutirent au traité de Westphalie nos diplomates, le comte d'Avaux et Abel Servien, réclamèrent énergiquement l'Alsace. Le 17 septembre 1646, ils étaient arrivés à leurs fins et ils écrivaient à la régente : « Madame, Brisach et son territoire, les deux Alsaces et le Sundgau sont accordés... *Votre Majesté aura cette gloire que, dans un temps de minorité, Elle aura étendu les limites de la France jusqu'à ses plus anciennes bornes.* » Et en effet le traité de Westphalie, signé le 24 octobre 1648, nous garantissait l'Alsace.

Il est vrai qu'il contenait des clauses obscures et contradictoires. Dans la pensée de ses ambassadeurs, la France obtenait la province en toute souveraineté. Mais, dans la pensée de l'Allemagne, il y avait mille restrictions à son pouvoir : elle ne recevait que les domaines alsaciens des Habsbourg, c'est-à-dire presque toute la Haute-Alsace et presque rien en Basse-Alsace. Strasbourg, ville libre jusque-là, prétendait bien continuer à l'être. Les dix villes de la Décapole, parmi lesquelles étaient Landau, Wissembourg, Haguenau, Colmar, Munster, etc., espéraient aussi garder leur indépendance. De là des tiraillements et des insolences que Louis XIV supporta d'abord patiemment pour ne pas compromettre une conquête encore mal assise. Mais, en 1673, craignant des révoltes plus dangereuses, il rasa les murs de Colmar et des autres cités récalcitrantes.

*

La campagne de Turenne.

Le 1er octobre 1674, les Impériaux et les Prussiens passèrent le Rhin à Strasbourg, grâce à la complicité des habitants. Mais ils se conduisirent en bandits. Un chroniqueur de Colmar écrivait : « Ils ont tout emporté, saccagé, fenêtres, portes, chambres, églises, jardins ; ils ont fait du pays un vrai désert. »

Ce que voyant, Louis XIV envoie Turenne en Alsace. Ce grand homme de guerre, par une des manœuvres les plus hardies et les plus savantes qu'aient enregistrées les annales militaires, abandonne ostensiblement Saverne et, tandis que le grand Électeur de Brandebourg, le croyant rentré en France pour l'hiver, disperse ses troupes par toute l'Alsace, il se glisse sans bruit derrière le rideau des Vosges à travers les neiges et les glaces, rentre brusquement en Alsace par la trouée de Belfort le 28 décembre 1674, prend Mulhouse le 29, bat les Brandebourgeois à Turkheim le 5 janvier et, dans une marche foudroyante, refoule les ennemis au delà de Strasbourg et les oblige à repasser le Rhin.

Ce grand général, que Napoléon admirait tant, était un ardent patriote, un irrédentiste intransigeant. C'est alors, tandis qu'il cheminait le long des Vosges, qu'il dit un jour au chevalier de la

Fare cette parole que nous avons déjà citée : « *Il ne faut pas qu'il y ait un homme de guerre en repos en France tant qu'il y aura un Allemand en Alsace.* » Bel axiome où brille le sens le plus clair de nos droits et de nos intérêts et que tout Français devrait graver au fond de son cœur.

Le traité de Nimègue consacra en 1678 cette conquête de Turenne en nous attribuant l'Alsace et en dissipant les ambiguïtés qu'avait laissé subsister le traité de Westphalie en 1648. Cependant les Allemands mirent de la mauvaise grâce à s'y soumettre et fomentèrent des résistances çà et là, notamment à Strasbourg où ils avaient des intelligences. Louis XIV résolut d'agir en maître. En 1681, Louvois entra brusquement dans la ville, suivi d'une armée de 35.000 hommes. Vauban y éleva une imprenable citadelle et une médaille fut frappée qui portait cette fière légende : « *Gallia Germanis clausa*, la France fermée aux Allemands. »

***

La France gagne le cœur de l'Alsace.

La conquête matérielle n'est rien sans la conquête des cœurs. La France sut gagner en peu de temps l'amour et la reconnaissance de l'Alsace. A vrai dire, elle avait déjà commencé depuis longtemps au grand dépit des Allemands. L'un d'eux, Jean-Michel Moscherosch, mort en 1669 et qui vécut longtemps à Strasbourg, se montre gallophobe exaspéré autant que misanthrope aigri dans ses *Visions de Philandre de Sittewald* et dans *A la mode Kerhaus*. Ce qui l'exaspère, c'est de voir le succès qu'ont les modes, les lettres et les idées de France et la facilité avec laquelle elle subjugue les esprits et les cœurs des vaincus.

Mais ce fut surtout à partir du jour où elle fut installée en Alsace que la France se fit aimer des habitants. Elle les traita avec douceur ; elle leur laissa dans une large mesure leurs anciens privilèges. Elle leur donna des intendants qui avaient pour mot d'ordre de respecter leurs traditions administratives, judiciaires, scolaires, tout en corrigeant les abus qui pesaient principalement sur le menu peuple.

C'est ainsi que, à la grande joie des populations, un édit du 1er septembre 1679 enleva aux petits et grands seigneurs le droit d'emprisonner, de bannir, de frapper d'amende ou de châtiments corporels les gens de leur seigneurie, et ils furent soumis, comme les autres, à la justice ordinaire.

Un des intendants royaux, Jacques de La Grange, nommé en 1674 et qui remplit ses fonctions pendant un quart de siècle, contribua plus que les autres, par son tact et son habileté, à *franciser* le pays sans heurt et sans violence.

On permettait l'usage de l'allemand non seulement dans la famille, les écoles, les églises, mais dans les actes administratifs et judiciaires. Un règlement du Conseil d'État proclama pour le

principe en 1685 que le français serait la langue
des tribunaux : mais il fut convenu, par ordre du
gouvernement, que, dans la pratique, la liberté la
plus entière serait laissée à cet égard.

Malgré cette tolérance, ou peut-être à cause
même de cette tolérance, l'Alsace apprit vite le
français. L'intendant de La Grange résumait impar-
tialement la situation, lorsqu'il écrivait en 1698 :
« La langue commune de la province est l'allemand ; cependant il ne s'y trouve guère de personnes un peu distinguées qui ne parlent assez le
français pour se faire entendre et tout le monde
s'applique à le faire apprendre à ses enfants, en
sorte que cette langue sera bientôt commune à la
province. »

Cette prédiction était complètement réalisée au
milieu du xviii⁰ siècle. Toute l'Alsace parlait ou
entendait le français. M. Rod. Reuss, protestant et
républicain, fait à ce propos cette réflexion : « Ce
résultat peut être regardé comme d'autant plus
satisfaisant qu'il a été obtenu en dehors de toute
ingérence officielle sérieuse, et que la monarchie
des Bourbons, de la paix de Westphalie à la Révolution, n'a jamais songé à entraver l'usage de la
langue allemande en Alsace, ni considéré sa sup-
pression comme nécessaire pour hâter l'assimilation de la province (1). » On sait que l'Allemagne
tiendra plus tard la ligne de conduite opposée et
fera tous ses efforts, sans y réussir, pour discrédi-
ter et étouffer le français.

(1) *Hist. d'Alsace,* par Rod. Reuss, p. 165. Paris, Boivin, 1912.

*
* *

L'Alsace, « brasier d'amour pour la France ».

Par ce gouvernement maternel, la France eut vite gagné les cœurs. En 1709, c'est-à-dire moins de trente ans après l'entrée définitive des Français à Strasbourg, le baron de Schmettau, ambassadeur du roi de Prusse Frédéric Ier, présentait à La Haye, aux représentants des puissances coalisées contre Louis XIV, un mémoire où on lit cet aveu si honorable pour la France :

« *Il est notoire que les habitants de l'Alsace sont plus Français que les Parisiens, et que le roi de France est si sûr de leur affection à son service et à sa gloire, qu'il leur ordonne de se fournir de fusils, de pistolets, de hallebardes, d'épées, de poudre et de plomb, toutes les fois que le bruit court que les Allemands ont dessein de passer le Rhin et qu'ils courent en foule sur les bords du Rhin pour en empêcher ou du moins disputer le passage à la nation germanique, au péril évident de leurs propres vies, comme s'ils allaient en triomphe.*

« *En sorte que l'Empereur et l'empire doivent être persuadés qu'en reprenant l'Alsace seule, sans recouvrer la Franche-Comté, ils ne trouveront qu'un amas de terre morte pour l'auguste maison d'Autriche, et qui couvera un brasier d'amour pour la France et de fervents désirs pour le retour de son règne en ce pays, auquel ils donneront tou-*

jours conseil, faveur, aide et secours dans l'occasion. »

Puis l'auteur conclut que l'Autriche doit reprendre la *Franche-Comté* à la France et rétablir l'entière indépendance de la *Lorraine*. « *Ce seront là*, dit-il, *deux forts caveçons aux Alsaciens, soit qu'on les laisse au pouvoir du roi de France qu'ils adorent, soit qu'on lui en ôte les biens et les revenus, car on ne pourra pas lui ôter les cœurs d'autre manière que par une chaîne de deux cents ans* (1). »

Une chaîne de deux cents ans ! Deux cents ans de servitude et de tyrannie ! Voilà donc sur quoi l'Allemagne compte pour enlever les cœurs à la France. Or il a suffi à celle-ci de trente ans de gouvernement, avec les souvenirs du passé, pour faire de l'Alsace « *un brasier d'amour* » à son égard, pour que « *les Alsaciens adorent le roi de France* », pour qu'ils « courent en foule sur les bords du Rhin en disputer le passage à la nation germanique ». Voilà la différence des deux méthodes : d'un côté la violence, de l'autre côté l'amour !

En 1710 paraissait à Ratisbonne un ouvrage, la *Topographie d'Alsace*, dont l'auteur, François d'Ichtersheim, très germanophile, faisait cet aveu à l'honneur de la France : « Le Conseil souverain existe encore à Colmar et y fait régner une stricte

---

(1) LAMBERTY, *Mémoires pour servir à l'histoire du XVIIIe siècle*, t. V. — Cité par DONTENVILLE dans *Après la guerre*, p. 40.

justice. Ce qu'il faut particulièrement louer chez les tribunaux français, c'est que les procès n'y durent pas longtemps,... les frais n'y sont pas considérables et surtout on n'y regarde aucunement à la situation (sociale) des plaideurs, et l'on y voit tout aussi souvent le sujet gagner son procès contre son seigneur, le pauvre contre le riche, le laïque contre un clerc, le chrétien contre le juif, que *vice versa* (1). »

L'amour de la France ne fit que croître au cours du XVIIIᵉ siècle. Lorsque Louis XV vint à Strasbourg en 1744, il fut reçu avec une splendeur et un enthousiasme indescriptibles. Les belles planches gravées par Weiss nous ont conservé le souvenir de ces fêtes.

Pendant la Révolution, l'Alsace, qui avait formé deux départements, le Haut-Rhin et le Bas-Rhin, se signala par son dévouement à la France. Elle tressaillit la première aux accents de la *Marseillaise*, composée en 1792 à Strasbourg par Rouget de l'Isle, à la prière du maire Dietrich. Elle vit plusieurs de ses fils, Kléber, Kellermann, Rapp, Lefebvre, s'illustrer au service de la patrie. Elle connut comme eux l'ivresse des gloires impériales.

Après la chute de Napoléon, les patriotes allemands s'agitèrent violemment pour obtenir des Congrès de Paris et de Vienne que l'Alsace fût retirée à la France. L'un d'eux, le poète Moritz Arndt, déjà connu par sa haine contre les Welches,

(1) Rod. Reuss, *Histoire d'Alsace*, p. 141.

fit une brochure intitulée : « *Le Rhin, fleuve alle-mand et non pas frontière allemande.* » Ces pré-tentions excitèrent la colère des Alsaciens.

Les négociateurs des Traités de 1815 nous enle-vèrent la région cisrhénane, mais n'osèrent toucher ni à l'Alsace ni à la Lorraine. Ces provinces étaient trop profondément françaises pour que leur con-fiscation pût passer sans provoquer des émeutes ni déchaîner la guerre. Elles restèrent donc atta-chées à la France jusqu'en 1870.

Leur amour pour notre pays grandit encore au cours du xixᵉ siècle. Elles lui devaient la paix, le bonheur, la richesse, une douce et brillante civili-sation. Alors que l'Allemagne forçait tous ses sujets à parler allemand, Charles X félicitait les Alsaciens de leur fidélité à leur vieux dialecte et à leurs coutumes.

En 1848, l'Alsace célébra solennellement le second centenaire de sa réunion à la France. Le maire de Strasbourg, Édouard Kratz, qui avait pris l'initiative de ces fêtes, disait dans une circulaire : « Nous n'avons plus besoin de faire une profession de foi solennelle et publique de notre inviolable attachement à la France... La France ne doute pas de nous, elle a foi dans l'Alsace. Mais si l'Allemagne se berce encore d'illusions chimériques, si elle croit trouver dans la persistance de la langue allemande au sein de nos campagnes un signe de sympathie irrésis-tible et d'attraction vers elle, qu'elle se détrompe ! L'Alsace est aussi française que la Belgique, la

Flandre et le pays des Basques, et elle veut le rester. »

L'Allemagne ne voulut pas entendre. En 1861, le botaniste Kirschleger, professeur à la Faculté de médecine de Strasbourg, assistait à Spire à un Congrès de naturalistes. Les Allemands, avec le tact qui les distingue, lui parlèrent en termes tels du retour de l'Alsace à la Confédération germanique qu'il ne put s'empêcher de leur répondre avec vivacité : « Vous devriez au moins nous demander notre sentiment. Or nous voulons rester Français. »

VII

LA PREMIÈRE RECONQUÊTE
DE LA LORRAINE

La Lorraine est à nous.

Quand une terre d'un seul tenant a des limites bien définies, elle ne présente pas de difficultés de frontières, ou du moins la question en est facilement résolue par le droit ou par la force. C'est le cas de l'Alsace qui, nettement limitée par un grand fleuve et une chaîne de montagnes, est revenue d'un seul bloc à la France au XVIIe siècle.

Au contraire une plaine qui n'a ni fleuves, ni montagnes, ni mer pour l'encercler, ouverte à tous les vents du ciel et de la politique, peut devenir l'enjeu de sanglantes compétitions, et la question de ses frontières est souvent un imbroglio diplomatique épineux. C'est le cas de la Lorraine dont la limite a singulièrement varié et dont la surface a été maintes fois morcelée. La France ne l'a reconquise que successivement : le Barrois occidental ou mouvant sous Philippe-le-Bel ; les Trois-Évêchés sous Henri II ; le Duché sous Louis XV. Elle y a mis du temps, mais elle n'a cessé d'y tendre patiemment, inlassablement, à travers toutes les complications politiques.

Il le fallait bien, car la Lorraine est à nous par

cent titres divers, par sa position géographique sur nos frontières, par une possession de vingt siècles antérieure à celle de l'Allemagne qui n'en compte pas dix, par son génie, clair et lumineux comme un paysage de Claude Lorrain, par son cœur, ses aspirations et sa langue. Elle n'a d'ailleurs eu avec l'Empire que le lien artificiel et extérieur de l'hommage féodal, car elle a su pratiquement s'en rendre indépendante dans sa vie intérieure. Elle est à nous par Jeanne d'Arc qui fut, comme nous le verrons, à la fois lorraine et française. Elle est à nous parce que, si l'Allemagne nous l'a enlevée au xᵉ siècle, nous n'avons cessé de la réclamer et elle n'a cessé de jeter vers la France un regard de tendresse filiale. Elle est chose de France, chose vivante et bien-aimée et elle crie vers nous : *res clamat domino.*

Un coup d'œil sur son histoire va nous montrer nos droits historiques et les invincibles et éternelles attractions qui devaient un jour la jeter de nouveau dans les bras de la France.

La Lotharingie.

La Lorraine est le nom modernisé de l'ancienne Lotharingie ou royaume de Lothaire. Cet immense royaume s'étendait entre le Rhin d'une part et l'Escaut et la Meuse d'autre part. Il enclavait la Hollande, la Belgique, les provinces cisrhénanes, la Lorraine actuelle, l'Alsace et même la Bourgogne, la Franche-Comté et la Suisse. Peu à peu, en perdant ses provinces périphériques, il s'est réduit à un noyau central qui est la Lorraine actuelle.

Ces terres avaient, pendant des siècles, jusqu'en 843, fait partie du domaine celtique, gallo-romain et franc sous un autre nom, celui d'Austrasie. Et voilà, nous le répétons, un droit historique incontestable.

La Lotharingie ne s'est détachée de la France qu'après une suite d'oscillations qui la portaient tantôt de notre côté, tantôt du côté de l'Allemagne : on la voit successivement neutre sous les deux Lothaire, franque sous Charles le Chauve, germanique sous Arnoulf, franque sous Charles le Simple et enfin germanique pour longtemps sous Henri l'Oiseleur en 923.

En 954, Otton le Grand fait du royaume de Belgique un duché et le donne à son frère Brunon, archevêque de Cologne. Celui-ci divise le duché en deux en 959 : la Basse-Lotharingie ou Lotharingie ripuaire ou Lothier, comprenant la Flandre, le Brabant, Liége, la Hollande, Cologne ; et la Haute-Lotharingie ou Lotharingie mosellane.

La Basse-Lotharingie s'est transformée en Belgique et son histoire ne nous regarde pas. La Haute-Lotharingie au contraire est devenue la Lorraine actuelle. Après diverses vicissitudes, elle est donnée en 1048 par l'empereur à Gérard d'Alsace, souche de la famille ducale de Lorraine.

Pendant des siècles elle relève de l'Empire, mais sa dépendance est plus nominale que réelle. Il est

difficile de dire si elle est plus française qu'allemande. Française, elle l'est de cœur et de langue ;
mais elle est allemande par l'hommage féodal. Ses
ducs sont pratiquement indépendants, si bien
qu'ils s'allient avec qui ils veulent.

De bonne heure les Trois-Évêchés lorrains de
Metz, Toul et Verdun sont reconnus indépendants
sous le gouvernement de leurs évêques ; ils sont
souvent en guerre, celui de Metz surtout, avec les
ducs de Lorraine. Un de ceux-ci, Mathieu Iᵉʳ, fait de
Nancy sa capitale en 1150.

*
* *

Le duché de Bar.

Le duché de Bar était aussi lorrain, mais fut
longtemps indépendant du duché de Lorraine. A
l'origine, lorsque Brunon, archevêque de Cologne,
divisa la Lotharingie, il en céda la partie mosellane
à son neveu Frédéric Iᵉʳ, comte de Bar, qui devint
ainsi le premier duc de Lorraine. Sous Philippe
le Bel, Henri III, comte de Bar, ayant aidé son beau-
père, Édouard Iᵉʳ, roi d'Angleterre, fut vaincu, fait
prisonnier et dut, pour sa rançon, faire hommage
au roi de France de la partie du Barrois située sur la
rive gauche de la Meuse, qui s'appela depuis lors
Barrois royal ou mouvant et resta attaché à la
couronne. Ce fut le premier pas fait par la France
dans la voie de la reconquête.

En 1354, le comté de Bar fut érigé en duché en

faveur de Robert, comte de Bar. Les trois premiers fils de Robert étant morts sans postérité en 1415, à la bataille d'Azincourt où ils combattaient pour la France, le quatrième, Louis, cardinal de Bar, céda ses droits à son neveu René d'Anjou qui épousa Isabelle, fille unique et héritière de Charles II de Lorraine.

Le Barrois réuni ainsi à la Lorraine en fut bientôt séparé, mais pour peu de temps, car René II, comte de Vaudémont et duc de Bar, ayant épousé Yolande d'Anjou, fille de René Ier et héritière de Lorraine, le porta de nouveau et définitivement dans la maison ducale dont il a depuis suivi les destinées.

*
* *

Politique des ducs de Lorraine.

Les ducs de Lorraine prouvèrent souvent leur amour pour la France. Thibaut II aide Philippe le Bel à la bataille de Mons-en-Puelle en 1304. Ferri IV meurt en combattant pour nous à la bataille de Cassel en 1328 et Raoul à celle de Crécy en 1346. Jean Ier nous défend en 1356 à la bataille de Poitiers, où il est fait prisonnier.

Charles II, au contraire, se jette avec fougue dans le parti anglo-bourguignon et lutte avec acharnement contre la France. C'est avec lui que Jeanne d'Arc a une entrevue qui n'aboutit à rien. N'ayant pas de fils, il marie sa fille Isabelle à René d'Anjou : voici dans quelles circonstances.

Le dernier duc de Bar venait de mourir avec ses deux frères en 1415 en combattant pour la France à la sanglante journée d'Azincourt. Le Barrois revint à son oncle, le cardinal Louis de Bar, évêque de Châlons. Mais celui-ci le céda à son petit-neveu René d'Anjou qui n'avait que dix ans. L'année suivante, il faisait épouser au jeune duc la fille et l'héritière de Charles II, réunissant ainsi sur la même tête les couronnes de Bar et de Lorraine. Lui-même il échangeait la même année l'évêché de Châlons pour celui de Verdun.

Comme Charles II avait pris parti pour l'Angleterre, René d'Anjou, son gendre, fut, pendant quelques années, obligé de marcher avec lui contre la France. Mais en 1429, émerveillé des exploits de Jeanne d'Arc et d'ailleurs sollicité par ses sympathies de famille, car il était par sa sœur le beau-frère du roi de France Charles VII, il abandonna la cause anglo-bourguignonne et vint se ranger le 3 août auprès de la Pucelle.

Ainsi donc si la Lorraine s'était tournée avec son vieux duc contre la France, elle nous revenait avec son jeune successeur René d'Anjou : c'était là une de ces vicissitudes qu'amenait fatalement le régime des mariages et des apanages féodaux. Ce fut le grand vice de la féodalité de briser au profit des grandes maisons l'unité nationale. Le XVe siècle en présente le plus lamentable exemple dans la défection de la Bourgogne qui eut pour répercussion pendant quelque temps celle de la Lorraine. Il n'en faut pas accuser le patriotisme des populations que l'on ne consultait pas, et qui étaient d'autant plus facilement entraînées dans les querelles de leurs princes qu'elles ne croyaient pas combattre contre la France, mais contre une dynastie. C'était bien ainsi que les ducs de Bourgogne et même, chose curieuse mais certaine, les rois anglais eux-mêmes présentaient leur cause ; ils se prétendaient bons Français et, de fait, ils avaient tous du sang capétien dans les veines. La faute en est donc aux institutions, au régime des apanages en particulier. Et c'est le grand service que nos rois ont rendu à la nation d'avoir combattu et aboli ce régime. Ils n'y avaient aucun mérite, dira-t-on, car ils luttaient pour eux-mêmes, pour la grandeur de leur maison. Soit, si l'on veut, mais c'est justement en quoi éclate le bienfait de la royauté chrétienne. C'était bien la maison de France, puisque sa grandeur coïncidait adéquatement avec la grandeur de la France et dépendait par-dessus tout de l'unité nationale.

Mais si la Lorraine nous a manqué dans la personne de Louis II, elle a bien compensé cette défaillance dans la personne de Jeanne d'Arc. Jeanne était-elle donc lorraine ? N'était-elle pas française ? Elle était l'un et l'autre.

*
* *

Jeanne d'Arc lorraine et française.

Jeanne est née en 1412 à Domremy, village situé sur la Meuse et formant une seule paroisse avec celui de Greux. Domremy et Greux étaient du Barrois. Mais le Barrois était lorrain, ayant appartenu à la vieille Lotharingie. Tous les historiens unissent son histoire, comme celle des Trois-Évêchés, à l'histoire de la Lorraine. Jeanne était donc incontestablement barroise ou lorraine, et le poëte Villon a été le fidèle interprète de la vérité historique et géographique, en même temps que l'écho de la voix populaire, quand il a chanté « *Jeanne la bonne Lorraine* ». Au point de vue ecclésiastique Domremy était du diocèse lorrain de Toul.

Mais, d'autre part, Jeanne était tout aussi incontestablement française, non seulement de cœur et d'esprit, non seulement par sa finesse, sa verve et sa vivacité gauloise, mais encore par son sang et sa nationalité. Le Barrois relevait par moitié de l'Empire et de la France ; de l'Empire pour la rive droite de la Meuse, de la France pour la rive gauche ; de l'Empire pour Commercy et Pont-à-Mousson, de la France pour Bar-le-Duc, Saint-Mihiel et surtout, nous verrons pourquoi, Vaucouleurs. Cette partie occidentale du duché s'appelait, depuis Philippe le Bel, le Barrois royal ou mouvant, parce qu'elle était dans la mouvance ou sous la suzeraineté de nos rois (1).

Le Barrois mouvant était contigu à la Champagne et dans la mouvance immédiate des comtes de Champagne : c'est même par cette province

(1) AYROLES, *La vraie Jeanne d'Arc*, t. II, p. 64.

qu'il ressortissait à la France. On trouve à la bibliothèque de Troyes une carte dressée en 1785 par l'ingénieur Courtalon et annexée à son *Histoire des Comtes de Champagne*, restée inédite. On y voit une division de la Champagne, appelée Champagne-Lorraine ; c'est, d'après l'explication de l'auteur, la partie de la Lorraine dont les comtes de Champagne étaient les suzerains (1).

J'ai dit que la région de Vaucouleurs appartenait à la France à un titre particulier. C'est qu'en effet elle avait été cédée en 1342 par le sire Ancel de Joinville à Philippe de Valois en échange de Méry-sur-Seine. On ne voit pas figurer Domremy et Greux parmi les dépendances de la châtellenie dans l'acte de cession, mais il y a des raisons de croire que ces villages en faisaient partie (2).

Il est du moins certain qu'ils appartenaient en 1429 au roi de France, car celui-ci, à la demande de Jeanne, les exempta à jamais de tout impôt ; or, il est clair qu'il n'aurait pu agir ainsi si ces lieux avaient été soumis au duc de Bar.

Dans le procès de Rouen, le promoteur d'Estivet écrivit ces paroles qui furent soumises à la Pucelle et reconnues exactes par elle : « *Jeanne est née à Domremy-sur-Meuse, au diocèse de Toul, dans le bailliage de Chaumont, dans la prévôté de*

---

(1) AYROLES, *La vraie Jeanne d'Arc*, t. II, p. 247.

(2) « Domremy et Greux étaient du Barrois, sous la mouvance de France, frontière de Champagne et de Lorraine, assez près et au-dessus de Vaucouleurs, petite ville sur la même frontière qui est de domination française. » (LENGLET DU FRESNOY, *Histoire de Jeanne d'Arc*, t. II, p. 2.)

Monteclère et d'Andelot. » Or, Chaumont, Monteclère et Andelot faisaient partie du comté de Champagne et le gouvernement anglo-français y avait établi ses fonctionnaires après le traité de Troyes. Si Jeanne avait été sujette du duc de Bar, elle aurait relevé de la prévôté barroise de Gondrecourt.

Aussi les contemporains attribuaient à la Libératrice la nationalité française. Le *Mystère du Siège d'Orléans* lui met ces paroles sur les lèvres :

> Quant est de l'ostel de mon père,
> Il est en pays barrois,
> Honnéste et loyal françois (1).

Jeanne est donc bien, à la suite de son père, barroise ou lorraine et champenoise ou française. Il faut bien comprendre que cette dualité de nationalité était non seulement possible mais fréquente à une époque où, par le jeu du droit féodal, les sujets appartenaient au lieu où ils étaient nés et au pays dont ce lieu était le fief.

On pourrait se demander si, au cas où Jeanne fût née en plein duché de Lorraine, par exemple à Nancy, elle serait encore française. Il faut répondre affirmativement, nous semble-t-il. Elle aurait

---

(1) *Jeanne d'Arc*, par G. HANOTAUX, p. 4. Hachette, Paris. — M. Hanotaux affirme, comme le P. Ayroles, la nationalité française de la Pucelle, mais il reconnaît, avec Langlet du Fresnoy, que Domremy était du Barrois, et, avec le *Mystère du Siège d'Orléans*, que Jeanne « venue est de terre lointaine, — de Barrois, pays de Lorraine ». Seulement le fait d'être du Barrois n'excluait pas la nationalité française (p. 4 et 79).

encore été française par la langue, par la race, par l'appel du sang, par les profondes empreintes d'une terre restée celtique et franque, après comme avant le traité de Verdun.

Cependant elle l'aurait été moins qu'elle ne l'est par le fait de sa naissance sur la rive gauche de la Meuse. En fixant son berceau sur la limite des deux pays, dans le voisinage de Vaucouleurs, où, cinq fois depuis Robert le Pieux et saint Henri jusqu'à Philippe le Bel et Albert d'Autriche, les souverains de France et d'Allemagne se sont donné rendez-vous, Dieu a voulu, semble-t-il, faire d'elle le trait d'union de la France et de la Lorraine.

Le comte de Pange, qui soutient énergiquement la nationalité lorraine de la Pucelle dans son ouvrage sur *le Pays de Jeanne d'Arc*, a écrit à M. Hanotaux : « *J'affirme que la bonne lorraine est, par la volonté divine, le précurseur nécessaire de l'œuvre de Richelieu. Elle est l'affirmation miraculeuse du droit divin de la couronne de France sur le peuple français de Lorraine.* » Sur quoi M. Hanotaux ajoute judicieusement : « Sur ces bases l'accord est établi entre les deux systèmes (1). »

*
* *

La France reprend les Trois-Évêchés.

René II, duc de Lorraine (1473-1508), accentua encore la politique française de René Ier. Il com-

---

(1) *Jeanne d'Arc*, par G. HANOTAUX, p. 80.

battit avec Louis XI contre Charles le Téméraire, et c'est sous les murs de sa capitale, Nancy, que mourut le grand-duc d'Occident en 1477.

Antoine le Bon (1508-1543), son fils, accompagna Louis XII et François Ier dans leurs expéditions d'Italie, se distingua à Agnadel et à Marignan, et tailla en pièces à Saverne (1525) une armée d'anabaptistes allemands qui menaçait ses États.

Charles III (1543-1608) se montra, lui aussi, bon français. Il fut élevé à la cour de France. Il s'y trouvait en 1552 et n'avait que neuf ans lorsque Henri II fit la conquête de Metz, Toul et Verdun, non pas au détriment du jeune duc, son pupille et son futur gendre, car, depuis longtemps, les Trois-Évêchés étaient séparés du duché, mais au détriment de l'Empire allemand auquel ils devaient allégeance.

Les trois villes avaient jadis été gauloises, mais étaient tombées au xe siècle, sous Henri l'Oiseleur, au pouvoir de l'Allemagne. Elles avaient profité des troubles du moyen âge pour se rendre à peu près indépendantes sous le gouvernement de leurs évêques et de leur noblesse : elles ne devaient que l'hommage à l'Empire.

D'autre part, elles avaient souvent montré des sympathies à la France. Un évêque de Toul, Thomas de Bourlémont, qui mourut en 1353, était si dévoué à notre pays qu'il avait voulu faire passer sa principauté sous la suzeraineté du roi. C'était prématuré.

Mais, deux siècles plus tard, Henri II, comme

nous l'avons vu, s'empara des Trois-Évêchés. Charles-Quint fut très affecté de cette perte, surtout de celle de Metz, plus proche du Rhin et qui devait être plus inféodée à l'Allemagne. Aussi vint-il avec une armée de 60.000 hommes et son meilleur général, le duc d'Albe, mettre le siège devant la ville le 8 septembre 1552.

Mais François de Guise, le plus grand homme de guerre de son temps, s'y était enfermé avec l'élite de la noblesse française. Il s'immortalisa par une savante résistance, si bien que Charles-Quint, dont l'armée était décimée par la maladie et le froid, et dont tous les stratagèmes avaient été déjoués par son adversaire, dut se résigner à la retraite le 1er janvier 1553.

A partir de ce jour, les trois villes ne cessèrent d'être françaises jusqu'en 1871 où l'une d'elles retomba sous le joug allemand. Metz, qui avait jusque-là résisté à tous les assauts et qu'on avait surnommée *Metz la Pucelle,* fut violée par les Prussiens en 1871.

*
**

La France recouvre le duché.

Le duc Charles III épousa Claude de France, fille de Henri II et de Catherine de Médicis. Beau-frère des trois derniers Valois et cousin du duc Henri de Guise, lequel était un cadet de la maison de Lorraine, il entra dans la Ligue après l'assassinat de son parent. Il en fut un des chefs et ne se réconcilia qu'en 1593 avec Henri IV.

Charles IV (1624-1675) se prononça au contraire contre la France pendant la guerre de Trente Ans; il en fut puni par l'occupation de ses États, où il ne rentra qu'après s'être réconcilié avec Louis XIV en 1649. Mais, en 1662, il vendit ses droits au roi moyennant une rente de 200.000 écus.

Charles V, son neveu (1675-1690), prit bien le titre de duc de Lorraine, mais il ne fut qu'un duc *in partibus*, car Louis XIV dont il était l'ennemi acharné ne lui permit pas de rentrer dans ses États.

Léopold (1690-1729) rentra en possession du duché à la paix de Ryswick en 1697.

François III (1729-1737), qui avait épousé Marie-Thérèse en 1736, renonça en 1737 à ses États pour devenir grand-duc de Toscane, et, un peu plus tard, empereur d'Autriche sous le nom de François Ier. Il fut père de Marie-Antoinette, reine de France.

La maison de Lorraine renonçait pour toujours à son duché et fondait par ce mariage la maison de Habsbourg-Lorraine qui règne aujourd'hui sur l'Autriche, dans la personne du triste François-Joseph.

Le duché fut donné à Stanislas Leczinski, ex-roi de Pologne, avec clause de réversibilité sur la France à la mort de ce prince qui régna de 1737 à 1766.

En 1766, le duché revint donc sans coup férir à

la France. Uni au Barrois qu'il avait englobé depuis longtemps, aux Trois-Évêchés conquis en 1522, au Luxembourg français cédé par l'Espagne au traité des Pyrénées en 1651, au pays de la Sarre cédé par l'Empire au traité d'Utrecht en 1713, au duché de Bouillon enlevé par Louis XIV à l'évêque de Liége, il forma un grand gouvernement.

Après des siècles de politique patiente et habile, l'irrédentisme français triomphait : l'usurpation signalée par Richelieu était réparée ; la Lorraine était de nouveau française ; elle devait le rester, ainsi que l'Alsace, jusqu'en 1871.

VIII

LA PREMIÈRE RECONQUÊTE
DE LA FRANCE RHÉNANE

La monarchie et les provinces cisrhénanes.

Tout en recouvrant l'Alsace et la Lorraine, la monarchie ne perdait pas de vue les droits de la France sur les terres cisrhénanes situées au nord de la Lauter. Ces terres avaient jadis fait partie de notre patrimoine, mais, séparées de nous par la Belgique, elles nous étaient devenues plus étrangères que l'Alsace et la Lorraine dont nous n'avons jamais perdu le contact. Néanmoins notre droit persistait et jamais les rois de France n'en avaient admis la prescription. Dans l'expédition où il reprit les villes lorraines de Metz, Toul et Verdun et poussa une pointe en Alsace, Henri II songeait au cours inférieur du Rhin et l'on disait autour de lui qu'il allait relever *le royaume d'Austrasie*.

Louis XIV avait les mêmes vues. En 1685, à la mort de Charles, dernier Électeur palatin de la branche de Simmern, il réclama au nom de sa belle-sœur Élisabeth-Charlotte d'Orléans, sœur unique du défunt, la partie du Palatinat située au nord de l'Alsace : il envoya même une armée qui l'occupa quelque temps. Mais la Ligue d'Augsbourg amena une diversion en élargissant le théâtre de la guerre.

La paix de Ryswick lui laissa l'Alsace, mais sans lui donner le Palatinat.

De leur côté, les habitants de ces provinces n'oubliaient pas leurs origines gauloises. On les appelait et ils s'appelaient eux-mêmes « *les Allemands de France* ». Allemands, ils l'étaient par la langue et par le droit de suzeraineté que l'Empire s'était arrogé sur eux depuis Otton Ier. Ce droit constituait d'ailleurs un lien assez lâche, si bien que ce pays pouvait être considéré comme une agglomération de petites républiques presque indépendantes. Mais s'ils étaient nominalement d'Empire, ils étaient encore plus de France par le sang, par le souvenir, par le cœur. C'étaient eux qui fournissaient presque entièrement les effectifs des « *régiments allemands* » au service de la France.

Des relations cordiales s'étaient nouées depuis longtemps entre le cabinet de Versailles et les villes d'Aix-la-Chapelle, de Cologne, de Mayence et de Trèves. Les Électeurs ecclésiastiques de ces trois dernières villes recevaient de nous des subsides et s'appuyaient sur nous pour sauvegarder leur indépendance vis-à-vis de l'Empire : en retour, ils nous rendaient d'appréciables services. En temps de guerre, ils nous avaient souvent autorisés à occuper presque tout leur territoire, à y créer des magasins, à y recruter de nombreux soldats, à garnir de nos troupes leurs villes et leurs forteresses. C'était une sorte de protectorat discret, et nous avions là une clientèle politique qui nous mettait à l'abri des agressions subites d'outre-

Rhin. Un électeur de Trèves avait donné sa voix à François Ier, quand celui-ci disputait l'Empire à Charles-Quint.

Ces liens se resserrèrent de plus en plus au XVIIIe siècle. En 1787, Gérard de Rayneval écrivait dans un rapport au Ministre des Affaires Étrangères : « *L'Électeur de Mayence se conduit très bien à l'égard de la France. L'électeur de Trèves voudrait être Français... L'électeur de Deux-Ponts est attaché à la France par sentiment, par intérêt et par reconnaissance... Le prince-évêque de Liége est attaché à la France.* »

Telle était la situation de la rive gauche du Rhin par rapport à la France dans la seconde moitié du XVIIIe siècle. L'Europe qui la connaissait ne niait pas nos droits ; Frédéric II, roi de Prusse, les reconnaissait formellement : « *Il serait à désirer*, disait-il, *que le Rhin pût continuer à faire la lisière de la monarchie française.* »

***

La politique de la Convention.

La Révolution continua sur ce point l'œuvre de la monarchie. Elle fut irrédentiste. Elle estima qu'elle devait, non pas précisément conquérir, mais racheter ou délivrer du joug allemand les populations rhénanes.

Les socialistes qui se réclament des principes de la Révolution sont donc en opposition avec les

grands ancêtres quand ils s'écrient : « *Pas d'annexion !* » Danton, lui, voulait l'annexion et le
criait du haut de la tribune. Lazare Carnot, Sieyès,
Cambacérès, Dubois-Crancé voulaient l'annexion.
Merlin de Douai fit un éloquent discours pour la
demander. Toute la Convention la vota. Elle aurait
certainement condamné comme traîtres à la patrie
ceux qui auraient tenu les propos des internationa-
listes de nos jours.

La monarchie avait bien préparé les voies par sa
politique habile et bienveillante à l'égard des électorats. La France était déjà aimée depuis longtemps
des populations cisrhénanes. Elle leur apparut à
l'aurore de la Révolution avec une nouvelle
auréole, comme le champion des idées de liberté
et de fraternité qui grisaient alors toutes les têtes.
L'heure était venue de répondre aux aspirations
de tout un peuple.

Les circonstances étaient favorables à la fin
de 1792. Nous étions en guerre avec la Prusse et
l'Autriche. Kellermann et Dumouriez venaient de
battre les Prussiens de Brunswick à Valmy (20 septembre). Dumouriez avait gagné (15 novembre)
sur les Autrichiens la victoire de Jemmapes qui
lui avait livré la Belgique.

La Belgique jusqu'alors sous le joug de l'Autriche
n'aimait pas cette puissance. Elle s'était vue
dépouillée de ses franchises et de ses privilèges
par le maniaque Joseph II. A la fin de 1789, elle se
révolta ; elle se proclamait libre en janvier 1790
et se constituait en république des *États Belgiques*

Unis. Mais bientôt elle retombait sous le pouvoir de ses anciens maîtres.

La République française aurait pu, en 1792, profiter des sentiments de ce pays pour le délivrer du joug autrichien. Les grandes villes, Bruxelles, Gand, Anvers, faisaient des vœux pour nous. Elles nous appelaient, non comme des maîtres, mais comme des libérateurs. Elles nous demandaient la délivrance, suivie d'une étroite alliance. Étant donné le tempérament politique de la Belgique, son amour de la liberté, sa juste fierté, il y avait tout avantage à l'aider, mais il était dangereux de la vouloir soumettre.

La Convention crut pouvoir aller jusque-là, jusqu'à l'annexion : ce fut une violence, que les Belges ne lui ont pas encore pardonnée, comme on le voit dans leurs Histoires. Elle aggrava encore sa faute en inaugurant dans ces religieuses provinces le régime de pillages et d'exécutions sanglantes de la Terreur.

D'ailleurs la conquête de la Belgique n'alla pas sans difficultés. Dumouriez avait d'abord occupé le pays en un mois, à la grande joie des habitants, après la bataille de Jemmapes. Mais il fut vaincu à Neerwinde en 1793 par les Autrichiens du prince de Cobourg et dut se retirer. Le 26 juin 1794, Cobourg était battu à Fleurus par Jourdan ; la France s'empara de nouveau de la Belgique et l'annexa par la loi du 1ᵉʳ octobre 1795.

Au commencement de 1794, Pichegru avait conquis la Hollande. En 1795, le Luxembourg succomba à son tour. Ces trois pays, Belgique, Hollande, Luxembourg, furent divisés en dix-sept départements et firent partie intégrante de la République française et de l'Empire jusqu'aux traités de 1815.

La Convention, mise en goût par ses premiers succès, se jetait ainsi dans la voie des agrandissements. Dès le 27 novembre 1792, Grégoire avait déclaré dans un rapport que, si la République s'abstenait de conquêtes proprement dites, elle n'entendait pas s'interdire les annexions qui lui seraient librement demandées, chaque peuple étant souverain et maître de faire de sa souveraineté l'usage que bon lui semblait.

Cette théorie est juste à la condition d'être appliquée loyalement, mais elle est dangereuse, car un gouvernement ambitieux peut toujours prétendre qu'en annexant un pays où il entretient des intelligences il est appelé par le vœu des habitants, et c'est, semble-t-il, ce qui arriva dans la conquête par la France de la Belgique et de la Hollande. Quoi qu'il en soit de ces pays à qui des siècles d'existence nationale avaient créé un droit à l'indépendance, la prétention de la France sur les provinces rhénanes était légitime, et la Convention ne fit que poursuivre à l'égard de ce pays la politique de la Royauté.

A la séance du 31 janvier 1793, Danton s'écriait : « *Les limites de la France sont marquées par la nature.* Nous les atteindrons à leurs quatre points, à l'Océan, aux bords du Rhin, aux Alpes, aux Pyrénées. »

On lit dans les instructions envoyées par le Comité de Salut public à son agent Grouvelle, en date du 15 janvier 1795 : « *Les frontières de la République doivent être portées au Rhin. Ce fleuve, l'ancienne limite des Gaules, peut seul garantir la paix entre la France et l'Allemagne.* »

C'était aussi l'opinion de Lazare Carnot : « *Les limites anciennes et naturelles de la France* sont le Rhin, les Alpes et les Pyrénées. »

Cambacérès disait lui aussi en parlant des mêmes frontières : « Nous tracerons d'une main sûre *les limites naturelles* de la République. »

Il faut remarquer ce mot de « *limites naturelles* » qui revient constamment sur les lèvres de tous nos hommes d'Etat, particulièrement à cette époque. C'était le mot d'ordre de la Convention.

L'annexion de la rive gauche.

Les armées françaises entrèrent en campagne à la fin de septembre 1792. La ville de Trèves fut brillamment enlevée. Custine envahissant le Palatinat battit les Autrichiens à Spire et s'empara de la ville. Le 1er octobre, il prenait Worms. Le 2 octobre, il entrait à Mayence qui acclamait nos soldats et il y plantait l'arbre de la liberté. Le 13 novembre 1792, un Mayençais, Georges Forster, disait au club de cette ville : « Le Rhin, un grand fleuve navigable, est *la frontière naturelle* d'une grande République qui ne désire pas faire de conquêtes, qui n'accepte que les pays qui s'unissent librement à elle, et qui a le droit de demander, pour la guerre que lui ont insolemment déclarée ses ennemis, une juste indemnité ! Le Rhin, si l'on s'en remet à l'équité, doit rester la frontière de la France. »

Le 22, un détachement de l'armée de Custine passait le Rhin et entrait à Francfort. Cette nouvelle jeta l'épouvante dans tous les cercles d'Allemagne.

Néanmoins l'ennemi se ressaisit. Une armée de Prussiens, de Hessois et d'Autrichiens investit Mayence en avril 1793. Bientôt le roi de Prusse, Frédéric-Guillaume, vint presser les travaux du siège. La ville fut héroïquement défendue, mais, faute de vivres, dut capituler à la fin de juillet. Vainement Kléber en 1795 et Jourdan en 1796 tentèrent-ils de reprendre Mayence. Jourdan, trahi par Pichegru, dut se retirer avec pertes devant les Autrichiens. Ce ne fut qu'après le traité de Campo-Formio que les Français rentrèrent à Mayence le 30 décembre 1797 : ils devaient l'occuper jusqu'en 1814.

Cologne accueillit nos troupes avec enthousiasme le 6 octobre 1794, et planta sur la place du Marché un arbre de la liberté.

Mais déjà une loi du 30 mars 1793 avait organisé les provinces rhénanes en les divisant en quatre départements.

La Sarre, comprenant le bassin de cette rivière et une grande partie de l'Électorat de Trèves, avait Trèves pour chef-lieu, et Birkenfeld, Prum et Sarrebruck pour villes principales : 173.000 habitants.

Le Mont-Tonnerre comprenait l'Électorat de Mayence, le Palatinat, les évêchés de Worms et de Spire, le duché des Deux-Ponts. Chef-lieu : Mayence; villes principales : Deux-Ponts, Bingen, Kaiserslautern, Germersheim, Spire et Worms : 342.000 habitants.

Le Rhin-et-Moselle comprenait une partie du Palatinat et des Électorats de Trèves et de Cologne. Chef-lieu : Coblentz; villes principales : Bonn, Simmern, Kreuznach, Saint-Goar : 255.000 habitants.

La Roer comprenait les provinces de Clèves, Gueldre, Juliers, Aix-la-Chapelle et Cologne. Chef-lieu : Aix-la-Chapelle ; villes principales : Clèves, Gueldre, Montjoie, Cologne, Juliers, Créfeld : 617.000 habitants.

A la tête de chaque département était un préfet, placé lui-même sous l'autorité d'un « commissaire du gouvernement dans les pays entre Meuse et Rhin et Rhin et Moselle ».

Néanmoins l'instabilité de la conquête que l'ennemi disputa âprement en 1794 et 1795 ne permettait pas d'accorder aux habitants le même statut politique qu'aux autres Français. On attendait que l'autorité de nos armes fût suffisamment établie pour que l'on n'eût plus à craindre un retour offensif de l'Autriche.

C'est ce qui arriva au traité de Bâle (4 avril 1795), conclu entre la Prusse et la France. Barthélemy, l'agent de la République, avait pour mandat de maintenir nos droits aux « *limites naturelles* ». Notons toujours ce mot qui exprime bien la perpétuelle et inlassable tendance de la France. Mais la situation européenne n'étant pas encore équilibrée, il fut stipulé que la République retirerait ses troupes de la rive droite du Rhin, ce qui était la sagesse même, et qu'elle continuerait à occuper la rive gauche jusqu'à la paix générale avec l'Empire Germanique, où le sort des provinces rhénanes serait définitivement réglé.

Le droit de la France était ainsi réservé. La Convention ne le perdit pas de vue. Le 24 septembre suivant, Merlin de Douai l'affirmait une fois de plus en demandant à l'Assemblée de préparer diplomatiquement l'annexion. Voici ses paroles patriotiques :

« *Il n'est personne parmi nous qui ne tienne invariablement à cette grande vérité, souvent proclamée à cette tribune et toujours couverte de l'approbation la plus générale, que l'affermissement de la République et le repos de l'Europe sont essentiellement attachés au reculement de notre territoire jusqu'au Rhin; et certes, ce n'est pas pour rentrer honteusement dans nos anciennes limites que les armées républicaines vont aujourd'hui, avec tant d'audace et de bravoure, chercher et anéantir au delà de ce fleuve redou-*

table les derniers ennemis de notre liberté.

« Mais nous respectons les traités et, puisque, par ceux que nous avons conclus avec la Prusse et la Hesse, le règlement définitif du sort des pays qui longent la rive gauche du Rhin est renvoyé à l'époque de la pacification générale, ce n'est point par des actes de législation, c'est uniquement par des actes de diplomatie, amenés par nos victoires et nécessités par l'épuisement de nos ennemis, que *nous devons nous assurer la conservation de cette barrière formidable.* »

Après les succès de Bonaparte en Italie, le traité de Campo-Formio, signé le 17 octobre 1797, confirma en les amplifiant les cessions faites à la République par le traité de Bâle. Il donnait enfin à la France les fameuses « limites naturelles » qu'elle réclamait depuis tant de siècles et pour lesquelles elle venait de combattre héroïquement depuis cinq ans.

***

Les pétitions de 1797.

C'est alors que les populations ripuaires songèrent à demander à la République tous les droits dont jouissaient les autres départements. Elles réclamaient leur complète incorporation à la France. Un vaste pétitionnement s'organisa, sous la direction du commissaire du gouvernement Rudler, à la fin de l'année 1797 (1).

Les chefs de famille furent invités à se prononcer sur la nationalité de leur choix. Aucune pression ne fut exercée sur eux. Aucun de ceux qui refusèrent de signer ne fut inquiété. Il y en eut des milliers. Cependant l'immense majorité opta pour la France.

La pétition de Mayence porte 4.000 signatures dont chacune répond à *un feu*. Étant donné que la ville n'avait guère que 25.000 habitants, et en supposant, ce qui n'est pas exagéré, que le feu comptait en moyenne quatre ou cinq personnes, le père, la mère et deux ou trois enfants, il apparaît que le nombre des abstentions dut être bien faible, ou même à peu près nul.

Le canton de Worstadt donne 1.886 signatures et 354 abstentions. Celui de Niderolm, 2.157 signatures et 193 abstentions. Celui d'Amweiler, 2.171 signatures et 138 abstentions. La ville de Spire, 426 signatures et 313 abstentions, mais toutes les communes de ce canton se prononcent à l'unanimité pour la France.

Les sentiments exprimés dans ces requêtes sont ardemment patriotiques. Les signataires font valoir les droits historiques qui les rattachent à la France.

(1) Ces pétitions sont conservées aux Archives nationales où elles constituent des dossiers spéciaux de la série F. Le commandant Espérandieu en a donné de larges extraits dans son intéressante brochure : *Le Rhin français* (Paris, Attinger, 2, rue Antoine-Dubois : o fr. 60). Nous lui empruntons les détails qui suivent.

Ceux du canton des Deux-Ponts s'expriment ainsi :

« *Issus des mêmes ancêtres*, imbus des mêmes principes, parce que ce sont les principes de la raison et de la justice, nous sommes dignes d'être rangés sous les mêmes lois que les Français. »

Les habitants du canton de Bingen font allusion à la différence de caractère qui existe entre la race gauloise de la rive gauche et la race germanique de la rive droite, et cela est très important :

« Vos guerriers qui ont tant de fois combattu sur nos champs, et qui, revenant de leurs champs de bataille, se sont alternativement reposés chez nous, vous diront combien ils ont appris à distinguer les habitants de la rive gauche de ceux des autres pays conquis, qu'étant à l'abri de toutes trahisons et hostilités, comme au sein de leurs propres familles, ils pouvaient se livrer au sommeil avec sécurité ; que le plus pauvre d'entre nous partageait d'un grand cœur le dernier morceau de pain avec eux... »

Les gens du canton de Bechtheim écrivent :

« Déjà nous apercevons que la Mère-Patrie, loin de nous traiter en ennemis vaincus et de nous tenir plus longtemps sous le joug de la conquête, s'empresse de nous faire approcher au bonheur de ses enfants et de bannir pour jamais de notre souvenir les horreurs des pillages, des évacuations et autres suites de la guerre... »

*
* *

La France rhénane de 1795 à 1815.

Comme le disaient les habitants de Bechtheim, la mère-patrie se montrait généreuse et libérale envers ses nouveaux enfants. Elle les délivrait des dîmes, des corvées et des autres charges féodales. Elle leur permettait, comme la monarchie l'avait fait pour l'Alsace, l'usage de leur dialecte. Elle les attirait à elle par sa bonté, par le charme irrésistible de sa brillante civilisation.

Napoléon observa la même ligne de conduite. Il trouva dans la population des bords du Rhin d'excellents soldats qui combattirent vaillamment pour la France et que sa gloire enthousiasmait. Le souvenir du grand homme entretint au foyer rhénan la flamme du patriotisme français longtemps après que le pays fut redevenu allemand, et, jusqu'à la fin du XIXᵉ siècle, nombreux furent ceux que leur aïeul avait bercés au récit des guerres de l'Empire. Napoléon aimait ces provinces ; comme un jour on lui parlait d'y interdire l'usage de l'allemand, il s'y opposa en disant : « *Laissez ces braves gens parler leur langue ; ils sabrent en français.* »

Napoléon continua la politique de la Monarchie et de la Révolution sur la rive gauche du Rhin. Nous avons cité plus haut les paroles mémorables qu'il a dites sur la nécessité et sur le décret divin de cette frontière naturelle. Mais son ambition l'emporta trop loin. Il franchit le fleuve et voulut accaparer la rive droite : il poussa même beaucoup plus avant et alla se perdre en Russie.

S'il se fût tenu à « notre limite naturelle », l'Europe ne l'eût pas inquiété. Elle trouvait en effet fort légitime notre occupation du pays cis-rhénan.

Longtemps avant ces événements, Frédéric II, roi de Prusse, avait reconnu notre droit en disant : « *Il serait à désirer que le Rhin pût continuer à faire la lisière de la monarchie française.* »

En 1806, à la veille d'Iéna, Frédéric-Guillaume III ne demandait qu'une chose à Napoléon ; c'était de repasser le Rhin dont il ne lui contestait nullement la rive occidentale.

De même en avril 1812, avant la campagne de Russie, le czar réclamait encore que « les armées françaises évacuassent la Prusse et se retirassent derrière le Rhin ».

A la conférence de Francfort, avant la campagne de France, Metternich, au nom des alliés, offre toujours à la France ses limites naturelles et il les définit ainsi : « *La France sera renfermée entre le Rhin, les Alpes et les Pyrénées.* »

*
* *

La France rhénane redevient allemande.

Autant la France a raison d'exiger la rive gauche du Rhin, autant elle aurait tort de prétendre à la

possession de la rive droite : cette possession
n'aurait d'autre effet que d'attirer la colère de
l'Allemagne, qui la lui enlèverait bientôt et pré-
tendrait à son tour franchir le fleuve en sens
inverse. Cette ambition fut une des erreurs de
Napoléon. L'Europe la lui fit payer chèrement.

Par les Traités de Vienne et de Paris en 1815 elle
enlevait à la France les provinces cisrhénanes
qu'elle partageait entre la Hesse, la Bavière et la
Prusse. On comprend l'avantage fait à la Hesse
qui est riveraine de droite du fleuve, comme aussi
la part attribuée à la Bavière qui avait déjà occupé
le Palatinat, mais l'installation de la Prusse au-
dessus de la Moselle était une chose toute nouvelle,
un défi audacieux à la France, et ne reposait que
sur le droit du plus fort. La Prusse n'avait aucune
racine dans le pays ; elle ne s'y imposa que par
la violence.

Ici encore on voit la différence entre la manière
française et la manière allemande. En 1797 les
populations rhénanes s'étaient données librement
à la France. En 1815 elles ne furent pas consultées.
Elles furent arrachées à la patrie qu'elles aimaient
et soumises de force au caporalisme prussien.

IX

L'ALSACE-LORRAINE DE 1870 A 1914

Le rapt odieux.

Le traité de Francfort, signé le 20 mai 1871, enlevait à la France l'Alsace et une partie de la Lorraine. C'était un rapt plus odieux que celui du xᵉ siècle que Richelieu avait qualifié d'usurpation, plus odieux même que celui de 1815 qui nous avait dépouillés de la plaine rhénane inférieure, parce que les liens qui nous unissaient aux deux chères provinces étaient devenus avec le temps plus étroits et plus sacrés.

Cet acte était d'autant plus inexcusable que l'Allemagne allait contre le principe dont elle s'était souvent réclamée, le principe des nationalités qui implique celui de la liberté des peuples et le droit pour ceux-ci de se rattacher à la patrie de leur sang et de leur cœur.

Dans un discours prononcé le 28 mars 1915 à la Ligue de l'Enseignement, M. Paul Deschanel mettait très bien en lumière la différence qui existe entre le recouvrement de l'Alsace et de la Lorraine par la France aux xviiᵉ et xviiiᵉ siècles et leur annexion par l'Allemagne en 1871.

« Depuis quarante-quatre ans, la paix entre la France et l'Allemagne était nécessairement précaire. La faiblesse du traité de Francfort, c'était la contradiction entre le principe des nationalités invoqué par le vainqueur jusqu'à sa victoire et les brutalités de la conquête : c'était l'antagonisme entre un principe sacré, le droit pour les peuples de disposer d'eux-mêmes, et la monstrueuse prétention de les asservir par la force. La protestation des Alsaciens-Lorrains, obligés de quitter l'Assemblée nationale, le 1er mars 1871, et, trois ans après, de quitter le Reichstag, qui ne leur permettait pas de voter sur leur incorporation à l'empire (20 février 1874), fit éclater cette contradiction au grand jour.

« Lorsque l'Alsace avait été conquise par la France, au XVIIe siècle, l'empire germanique n'était pas un corps de nation ; lorsque l'Alsace nous fut ravie par la Prusse, au XIXe siècle, elle était partie intégrante de la conscience française.

« Quand même un jour la France eût abandonné ceux qui avaient été la rançon de ses fautes, il n'eût pas dépendu d'elle d'effacer un problème éternel comme la morale et la justice. »

*
* *

Protestation de Mgr Freppel.

Immense fut la consternation de l'Alsace et de la Lorraine lorsqu'elles furent arrachées à la mère-patrie par le traité de Francfort.

Ayant appris que l'Allemagne exigeait la cession des deux provinces, un Alsacien de vieille souche, né à Obernai, Mgr Freppel, évêque d'Angers, exhalait l'angoisse de la terre natale et cherchait à écarter d'elle le coup fatal, dans une lettre magnifique et poignante adressée le 12 février au vieux Guillaume. Nul n'a mieux exprimé le patriotisme français de l'Alsace et prédit avec plus de clairvoyance les suites violentes qu'aurait tôt ou tard la brutalité du ravisseur. C'est un monument historique qu'on nous permettra de rappeler, malgré sa longueur.

« SIRE,

« ... La guerre a été favorable à vos armes; vous avez eu la plus haute fortune militaire qui puisse échoir à un souverain, celle de vaincre les armées de la France. Ne soyez pas surpris d'entendre dire à un ministre de l'Évangile qu'il vous reste à vous vaincre vous-même. Autant le succès peut flatter une âme guerrière, autant la modération après la victoire a de quoi séduire un cœur généreux. L'Écriture Sainte l'a dit : « Celui qui sait se domi-« ner est supérieur à celui qui prend des villes. » Dans la vie des peuples, d'ailleurs, la guerre ne saurait être un accident ; c'est à leur procurer une paix durable que doivent tendre les efforts de ceux qui les gouvernent.

« Il semble résulter de divers documents que la cession de l'Alsace serait l'une des conditions pro-

posées pour la paix future. Si telle était votre pensée, Sire, je supplierais Votre Majesté de renoncer à un projet non moins funeste à l'Allemagne
qu'à la France. *Croyez-en un évêque qui vous le dit
devant Dieu et la main sur sa conscience : l'Alsace
ne vous appartiendra jamais. Vous pourrez chercher à la réduire sous le joug ; vous ne la domp-
terez pas.*

« Ne vous laissez pas induire en erreur par ceux
qui voudraient faire naître dans votre esprit une
pareille illusion : j'ai passé en Alsace vingt-cinq
années de ma vie ; je suis resté depuis lors en com-
munauté d'idées et de sentiments avec tous ses
enfants ; je n'en connais pas un qui consente à
cesser d'être Français. Catholiques ou protestants
tous ont sucé avec le lait de leurs mères l'amour
de la France, et cet amour a été, comme il demeu-
rera, l'une des passions de leur vie.

« Pasteur d'un diocèse où, certes, le patriotisme
est ardent, je n'y ai pas trouvé, je puis le dire à
Votre Majesté, un attachement à la nationalité
française plus vif ni plus profond que dans ma
province natale. Le même esprit vivra, soyez-en
sûr, dans la génération qui s'élève comme dans
celles qui suivront : rien ne pourra y faire, les sé-
ductions pas plus que les menaces. Car, pour s'en
dépouiller, il leur faudrait oublier, avec leurs devoirs
et leurs intérêts, la mémoire et jusqu'au nom de
leurs pères, qui, pendant deux cents ans, ont vécu,
combattu, triomphé et souffert à côté des fils de la
France ; et ces choses-là ne s'oublient point ; elles

sont sacrées comme la pierre du temple et la tombe de l'ancêtre. Les épreuves de l'heure ne feront que resserrer les liens scellés une fois de plus par des sacrifices réciproques.

« *L'union de l'Alsace avec la France n'est pas, en effet, une de ces alliances factices ou purement conventionnelles qui peuvent se rompre avec le temps et par le hasard des événements : il y a entre l'une et l'autre identité complète de tendances, d'aspirations nationales, d'esprit civil et politique. Que la langue allemande se soit conservée dans une partie du peuple, peu importe, si, depuis deux siècles, cette langue ne sait plus exprimer que des sentiments français.*

« Mais qu'importent, encore une fois, des questions qui appartiennent désormais au domaine de la linguistique et de l'archéologie ? Les Alsaciens, et c'est là le point capital, sont Français de cœur et d'âme; et, quoi que l'on puisse faire dans l'avenir, les petits-fils des Kléber, des Kellermann et des Lefebvre n'oublieront jamais le sang qui coule dans leurs veines. Et dès lors, Sire, j'ose demander à Votre Majesté de quel profit pourrait être pour l'Allemagne la possession d'une province sans cesse attirée vers la mère-patrie par ses souvenirs, par ses affections, par ses espérances et ses vœux?

« Ne serait-ce pas là une cause d'affaiblissement plutôt qu'un élément de force ? Un sujet permanent de troubles et d'inquiétudes au lieu d'une garantie de paix et de tranquillité ? Et la France, Sire, la France qui peut être vaincue mais non

anéantie, acceptera-t-elle dans l'avenir une situation qu'on la forcerait de subir aujourd'hui ? Pour
elle, céder l'Alsace équivaut au sacrifice d'une
mère à laquelle on arrache l'enfant qui ne veut pas
se séparer d'elle. Ce sacrifice l'Assemblée nationale le fera ou ne le fera pas ! Mais ce qu'elle ne
pourra pas faire malgré son bon vouloir et sa sin-
cérité, c'est de détruire dans l'âme des Alsaciens
leur attachement à la mère-patrie ; ce qu'elle ne
fera jamais, c'est de fermer une plaie qui restera
saignante au cœur de la France.

« Votre Majesté a trop de pénétration d'esprit
pour ne pas voir, avec toute l'Europe, qu'un pareil
démembrement ouvrirait la voie à des revendications perpétuelles.

« Au lieu d'opérer un rapprochement qui est
dans les vœux de tous, on ne ferait qu'allumer entre
deux grands peuples des haines irréconciliables.
Il est impossible de se le dissimuler, une si grave
atteinte portée à l'intégrité du territoire français
laisserait dans les cœurs des ferments de colère
qui éclateraient tôt ou tard et ramèneraient la guerre
avec toutes ses horreurs. Quelle triste perspective
pour les deux pays ! Serions-nous donc condamnés
à revoir la guerre de Trente Ans à une époque où
les progrès de la civilisation et la multiplicité des
relations industrielles et commerciales semblaient
avoir rendu impossible à jamais le retour de ces
luttes fratricides ? Et qui donc voudrait assumer
devant Dieu et devant les hommes la responsabilité
d'un pareil souvenir ?

« L'histoire enseigne que les paix durables sont celles qui profitent au vainqueur sans exaspérer le vaincu. Si Votre Majesté ne cède pas à l'idée de vouloir séparer de la France une province qui ne veut être allemande à aucun prix, elle peut assurer la paix pour longtemps. Car, dans ce cas, nous n'hésitons pas à le dire, il n'y aurait aucun motif pour la France de reprendre les armes : son passé lui permet d'avouer sans honte qu'elle a été surprise ; et ce qu'elle a pu faire depuis quatre mois, au milieu d'une désorganisation sans pareille, montre assez de quoi elle serait capable avec une meilleure direction de ses forces. Mais, Votre Majesté l'avouera sans peine, la raison et l'intérêt commandent de ne pas infliger à l'amour-propre national des blessures incurables.

« Ce sera notre devoir à nous, ministres de l'Évangile, d'apaiser les ressentiments qui n'auraient plus de raison d'être ; mais, en exigeant que la France se mutile de ses propres mains, vous nous rendriez, Sire, la tâche impossible ; tous nos efforts échoueraient contre le poids d'une humiliation intolérable, lors même que la foi et le patriotisme ne nous feraient pas une obligation de conseiller au pays la mort plutôt que le déshonneur.

« Sire, les événements vous ont fait une situation telle qu'un mot de votre part peut décider pour l'avenir la question de la paix ou de la guerre en Europe. Ce mot, je le demande à Votre Majesté, comme Alsacien, pour mes compatriotes qui tiennent à la patrie française par le fond de leur cœur.

Je vous le demande pour la France et pour l'Allemagne, également lasses de s'entre-tuer sans profit ni pour l'une ni pour l'autre ; j'ose enfin vous le demander au nom de Dieu, dont la volonté ne saurait être que les nations, faites pour s'entr'aider dans l'accomplissement de leurs destinées, se poursuivent de leurs haines réciproques et s'épuisent dans leurs luttes sanglantes. Or, laissez-moi, en terminant, le répéter avec tout homme qui sait réfléchir : *la France laissée intacte, c'est la paix assurée pour de longues années ; la France mutilée, c'est la guerre dans l'avenir, quoi que l'on en dise et quoi que l'on fasse.* Entre ces deux alternatives, Votre Majesté, justement préoccupée des intérêts de l'Allemagne, ne saurait hésiter un instant.

« C'est dans cet espoir que j'ai l'honneur d'être, Sire, de Votre Majesté, le très humble serviteur.

« † CHARLES-ÉMILE FREPPEL,
« *Évêque d'Angers.* »

Angers, 12 février 1871.

Le vaillant prélat resta toujours fidèle à sa petite patrie. Il ordonna par son testament que son cœur serait porté à Obernai, quand l'Alsace serait redevenue française. Voilà bien la tendre délicatesse de l'âme alsacienne ! Ce cœur mort, qui attend depuis vingt-quatre ans l'heure de la délivrance, tressaillira bientôt au bruit de notre victoire et fera une douce et triomphale rentrée dans son cher village. Quelle joie pour lui et quelle joie là-bas quand il passera à travers les houblons et

les sapins qu'il aimait, parmi ses compatriotes qui
sont toujours fiers de lui et lui ont élevé un monument. Tout est plein de son souvenir à Obernai ;
tout parle de lui et de la France, comme j'ai pu le
constater en y passant en 1908.

Je me rappelais un mot qu'il m'avait dit dans
ma jeunesse. C'était en 1873 ; j'avais eu l'honneur
de composer et de lire devant lui à Angers une
adresse où je louais son zèle pour la religion et
la patrie. Il la prit de ma main et, lui que nous
appelions en souriant *le fougueux prélat*, me dit
cette parole dont je ne fus pas peu fier : « *J'aime
cela, mon ami, ça sent la poudre !* » Cher et noble
évêque, grand Alsacien, grand Français, toute votre
vie se résume en ces trois cris : Vive Dieu ! Vive
l'Alsace ! Vive la France !

*
* *

Protestation des députés Alsaciens-Lorrains.

Un autre illustre Alsacien, Émile Keller, député
du Haut-Rhin, fit entendre, au nom de ses collègues et de toute la population des deux provinces,
une protestation solennelle qui restera à la fois
comme un témoignage de la douleur patriotique
de l'Alsace-Lorraine et comme un monument du
droit public. C'était le 17 février 1871. Il s'agissait
pour l'Assemblée Nationale de Bordeaux de ratifier
ou de rejeter les premières ouvertures de la paix,
c'est-à-dire de décider si la France voulait ou non
continuer la guerre.

Une partie de l'Assemblée, voyant dans les conditions imposées par l'Allemagne un sacrifice trop dur et un attentat à l'honneur de la France, voulait, malgré l'affaiblissement du pays, reprendre les armes. C'était l'avis des députés des deux provinces menacées. Ils ne voulaient à aucun prix que leur petite patrie fût séparée de la grande. Ils affirmaient que la France n'avait pas le droit d'y consentir et que son consentement était à l'avance frappé de nullité. Aussi l'émotion de l'Assemblée était intense, lorsque M. Keller, élu le premier sur la liste du Haut-Rhin par 68.864 voix, et encore revêtu de son uniforme d'officier, monta à la tribune pour lire la protestation de ses collègues d'Alsace et de Lorraine, parmi lesquels se trouvait Léon Gambetta, élu sur les quatre listes du Haut-Rhin, du Bas-Rhin, de la Meurthe et de la Moselle. Grave et sombre, au milieu d'un silence solennel, de temps en temps interrompu par des marques de douloureuse sympathie, Émile Keller lut cette déclaration (1) :

« I. — L'Alsace et la Lorraine ne veulent pas être aliénées.

« Associées depuis plus de deux siècles à la France dans la bonne comme dans la mauvaise fortune, ces deux provinces, sans cesse exposées aux coups de l'ennemi, se sont constamment sacri-

(1) Nous l'empruntons à la brochure de M. Henri WELSCHINGER : *La protestation de l'Alsace-Lorraine*, Paris, Berger-Levrault, 1914.

fiées pour la grandeur nationale ; elles ont scellé de leur sang l'indissoluble pacte qui les rattache à l'unité française. Mises aujourd'hui en question par les prétentions étrangères, elles affirment à travers les obstacles et tous les dangers, sous le joug même de l'envahisseur, leur inébranlable fidélité.

« Tous unanimes, les citoyens demeurés dans leurs foyers comme les soldats accourus sous les drapeaux, les uns en votant, les autres en combattant, signifient à l'Allemagne et au monde l'immuable volonté de l'Alsace et de la Lorraine de rester françaises. *(Bravo! bravo! à gauche et dans plusieurs autres parties de la salle.)*

« II. — La France ne peut consentir ni signer la cession de la Lorraine et de l'Alsace. *(Très bien!)* Elle ne peut pas, sans mettre en péril la continuité de son existence nationale, porter elle-même un coup mortel à sa propre unité en abandonnant ceux qui ont conquis, par deux cents ans de dévouement patriotique, le droit d'être défendus par le pays tout entier contre les entreprises de la Force victorieuse.

« Une Assemblée, même issue du suffrage universel, ne pourrait invoquer sa souveraineté, pour couvrir ou ratifier les exigences destructives de l'unité nationale. *(Approbations à gauche.)* Elle s'arrogerait un droit qui n'appartient même pas au peuple réuni dans ses comices. *(Même mouvement.)*

« Un pareil excès de pouvoir, qui aurait pour effet de mutiler la Mère commune, dénoncerait aux justes sévérités de l'histoire ceux qui s'en rendraient coupables.

« La France peut subir les coups de la Force, elle ne peut sanctionner ses arrêts. (*Applaudissements.*)

« III. — L'Europe ne peut permettre ni ratifier l'abandon de l'Alsace et de la Lorraine.

« Gardiennes des règles de la justice et du droit des gens, les nations civilisées ne sauraient rester plus longtemps insensibles au sort de leurs voisines, sous peine d'être à leur tour victimes des attentats qu'elles auraient tolérés. L'Europe moderne ne peut laisser saisir un peuple comme un vil troupeau; elle ne peut rester sourde aux protestations répétées des populations menacées; elle doit à sa propre conservation d'interdire de pareils abus de la Force. Elle sait d'ailleurs que l'unité de la France est aujourd'hui, comme dans le passé, une garantie de l'ordre général du monde, une barrière contre l'esprit de conquête et d'invasion.

« La paix, faite au prix d'une cession de territoire, ne serait qu'une trêve ruineuse et non une paix définitive. Elle serait pour tous une cause d'agitation intestine, une provocation légitime et permanente à la guerre. Et quant à nous, Alsaciens et Lorrains, nous serions prêts à recommencer la guerre aujourd'hui, demain, à toute heure, à tout instant. (*Très bien ! sur plusieurs bancs.*)

« En résumé, l'Alsace et la Lorraine protestent hautement contre toute cession. La France ne peut la consentir; l'Europe ne peut la sanctionner.

« *En foi de quoi nous prenons nos concitoyens de France, les gouvernements et les peuples du monde entier à témoin que nous tenons d'avance pour nuls et non avenus tous actes et traités, votes ou plébiscite, qui consentiraient abandon en faveur de l'Étranger de tout ou partie de nos provinces de l'Alsace et de la Lorraine. (Bravos nombreux.)*

« *Nous proclamons par les présentes à jamais inviolable le droit des Alsaciens et des Lorrains de rester membres de la nation française* (Très bien!) *et nous jurons tant pour nous que pour nos commettants, nos enfants et leurs descendants, de le revendiquer éternellement, et par toutes les voies, envers et contre tous usurpateurs.* » (Bravo! bravo! Applaudissements répétés sur tous les bancs.)

M. Welschinger, qui assistait à cette séance, raconte qu'il vit couler des larmes de bien des yeux et que M. Thiers lui-même, qui devait combattre la continuation de la guerre, pleurait derrière ses lunettes d'or en montant à la tribune. La résolution suivante fut adoptée : « L'Assemblée Nationale, accueillant avec la plus vive sympathie la déclaration de M. Keller et de ses collègues, s'en remet à la sagesse et au patriotisme de ses négociateurs. »

Il était malheureusement évident que la France

ne pouvait poursuivre la résistance à outrance. Une enquête officielle fit connaître d'une manière certaine que ses forces militaires, armes, munitions, approvisionnements étaient dans un état lamentable d'infériorité et de détresse. Le couteau sous la gorge elle dut dire son *fiat*. Elle le prononça le 1er mars à l'Assemblée de Bordeaux.

Vainement M. Keller jeta-t-il un dernier cri, un cri sublime de protestation, qui fit tressaillir tous ses auditeurs. « ... On vous dit qu'on cède à perpétuité l'Alsace. Je vous déclare que l'Alsace restera française. Au fond du cœur, vous-mêmes le pensez. *(Oui! oui!)* Oui, vous pensez que l'Alsace est française. Vous voulez la reconquérir le plus tôt possible. Vous voulez qu'elle redevienne française et je défie qui que ce soit de dire le contraire... Avant de quitter cette enceinte, j'ai tenu à protester, comme Alsacien et comme Français, contre un traité qui est à la fois une injustice, un mensonge et un déshonneur ; et si l'Assemblée devait le ratifier, j'en appelle à Dieu, vengeur des causes justes ; j'en appelle à la postérité qui nous jugera les uns et les autres ; j'en appelle à tous les peuples qui ne peuvent pas indéfiniment se laisser vendre comme un vil bétail ; j'en appelle enfin à l'épée des gens de cœur qui, le plus tôt possible, déchireront ce détestable traité ! » *(Applaudissements répétés.)*

De son côté, M. Jules Grosjean, troisième élu du Bas-Rhin et ancien préfet de ce département, montait à la tribune pour s'unir à la protestation de M. Keller et adresser non pas le dernier adieu, mais le suprême au revoir, des deux provinces martyres à la mère-patrie.

« *Livrés, au mépris de toute justice et par un odieux abus de la force, à la domination de l'Étranger, nous avons un dernier devoir à remplir.*

« *Nous déclarons encore une fois nul et non avenu un pacte qui dispose de nous sans notre consentement.* (Très bien ! Très bien !)

« La revendication de nos droits reste à jamais ouverte à tous et à chacun dans la forme et dans la mesure que notre conscience nous dictera.

« Au moment de quitter cette enceinte où notre dignité ne nous permet plus de siéger, et malgré l'amertume de notre douleur, la pensée suprême que nous trouvons au fond de nos cœurs est une pensée de reconnaissance pour ceux qui, pendant six mois, n'ont pas cessé de nous défendre et d'inaltérable attachement à la patrie dont nous sommes violemment arrachés. (*Vive émotion et applaudissements unanimes.*)

« Nous vous suivrons de nos vœux et nous attendrons avec une confiance entière dans l'avenir que la France régénérée reprenne le cours de sa grande destinée.

« *Nos frères d'Alsace et de Lorraine, séparés en ce moment de la famille commune, conserveront à la France absente de leurs foyers une affection filiale jusqu'au jour où elle viendra y reprendre sa place.* » (Nouveaux applaudissements.)

Trois ans plus tard, en 1874, une nouvelle protestation eut lieu, non plus en France, mais en plein Reichstag, lorsque les quinze députés des provinces annexées y furent admis. M. Teutsch, député de Saverne et ancien député du Bas-Rhin à l'Assemblée de Bordeaux, fut leur porte-parole, en lisant cette proposition :

« Plaise au Reichstag décider : que les populations d'Alsace-Lorraine, incorporées sans leur consentement à l'empire d'Allemagne par le traité de Francfort, seront appelées à se prononcer d'une manière spéciale sur cette incorporation. »

L'orateur citait ensuite l'opinion de Bluntschli sur la nullité des annexions contraires au vœu des habitants, opinion que nous avons rapportée plus haut, puis il ajoutait : « Vous le voyez, Messieurs, nous ne trouvons dans les enseignements de la morale et de la justice rien, absolument rien, qui puisse faire pardonner notre annexion à l'empire. Notre raison se trouve en cela d'accord avec notre cœur. »

Il était naturel qu'une Chambre allemande repoussât un appel à des populations qui auraient voté leur retour à la France : elle aurait pu du moins, en rejetant la proposition, rendre hommage au sentiment d'honneur et à la douleur qui l'avaient inspirée. Or elle couvrit de cris et de sifflets la voix de l'orateur. Tant de bassesse dans la haine déshonorerait une tribu sauvage.

*
* *

La fidélité de l'Alsace-Lorraine.

Toute autre puissance aurait cherché à guérir la blessure de l'Alsace-Lorraine à force de douceur et de délicatesse. La Prusse ne réussit qu'à l'envenimer par sa brutalité. La conquête des cœurs lui est à jamais interdite. Au rebours de la France elle n'a jamais aimé, ni par suite su se faire aimer. Lorsque le gros Asmus, épris de Colette, étalait devant elle ses grâces d'ours mal léché, la petite Messine se détournait de lui en pensant à la France.

Je le sais, on a dit qu'elle n'a pas toujours été insensible aux soupirs d'Asmus, que petit à petit la violence de l'Allemagne lui devenait douce. C'est une calomnie, et M. l'abbé Wetterlé, dans sa conférence du 27 janvier 1915, a démontré que les faits allégués n'étaient que des apparences et que le cœur de l'Alsace nous était toujours resté fidèle. Qu'il y ait eu quelques renégats, comme Zorn de Bulach, c'était inévitable, mais leur nombre est si insignifiant que la chose n'a aucune importance.

Sur une population de 1.800.000 habitants, il y avait ces dernières années en Alsace-Lorraine 300.000 immigrés allemands qui, naturellement, détestaient la France, mais qui, évidemment, ne comptent pas dans l'estimation des sympathies véritablement alsaciennes et lorraines. Mais comme ils faisaient sonner très haut leur verbe et leurs bottes, on a été tenté d'attribuer leurs propos et leurs sentiments aux vieux Alsaciens et Lorrains.

Ceux-ci, par contre, se taisaient le plus souvent. Ils étaient traqués, espionnés, châtiés pour le crime de désaffection allemande, regardé comme un crime de trahison. Il leur fallait vivre cependant et, par amour pour l'Alsace et pour la France elle-même, garder leur race, s'attacher à la terre natale pour la rendre un jour à la mère-patrie.

Des protestations violentes, des révoltes de leur part auraient pu amener une guerre prématurée entre la France et l'Allemagne, guerre dont l'issue était fort douteuse et dont leur patriotisme français lui-même leur défendait d'assumer la responsabilité. M. Wetterlé a fait valoir cet argument avec autant de force que de sagacité :

« Si l'Alsace-Lorraine était martyrisée pour sa fidélité à un passé glorieux, elle ne souhaitait nullement qu'à cause d'elle les horreurs d'une grande guerre fussent déchaînées sur l'Europe. Elle affirmait sa volonté de rester elle-même, mais, plutôt que de provoquer d'abominables hécatombes, elle se serait résignée à souffrir encore davantage. Elle aimait trop sincèrement la France pour l'exposer aux ruines et aux deuils d'un conflit dont l'issue lui paraissait douteuse. Patiemment, elle attendait donc la revanche du droit violé ;

mais elle ne prétendait nullement devancer l'heure
de la justice (1). »

Néanmoins, sous cette surface de résignation, il
était facile à l'observateur de constater la persé-
vérance de l'amitié française et la sourde fermen-
tation de la haine contre l'Allemagne. Les Alsaciens
se délectaient à feuilleter les albums de Hansi et
de Zislin où ils retrouvaient leur âme tendre et
ironiste, où ils voyaient étalés dans leur platitude
et leur hideur les ridicules du professeur Knatschke
et les vices des Teutons en général.

M. René Sudre a raconté, dans le *Matin*, une
visite qu'il fit à Mulhouse en mai 1914. Il revenait
du Congrès socialiste international de Colmar où
les Allemands avaient soigneusement écarté la
question d'Alsace-Lorraine et où les autres, des
Français égarés dans cette galère, n'avaient osé la
soulever, et il se demandait si le pays n'avait pas,
lui aussi, oublié. Or, il arrivait à Mulhouse un
jour de fête : il vit passer un interminable défilé
de sociétés de gymnastique, de musique, de cy-
clisme, mais c'était l'allure et la cadence françaises
et nullement le pas de l'oie. D'innombrables
bannières frémissaient au vent, mais pas une
n'avait les couleurs germaniques ni l'aigle impérial :
par contre, de toutes les poches sortaient de jolis
mouchoirs tricolores, joyeux et provocants ; et, en
tête d'un orphéon, un brave homme narquois

(1) *La Pensée française en Alsace-Lorraine*, par M. l'abbé
WETTERLÉ, p. 35. Paris, Plon-Nourrit.

portait un énorme bouquet de bluets, de mar-
guerites et de coquelicots, qu'un policier en casque
à pointe avait le bon esprit de ne pas regarder. A
certains jours, malgré le désir de rester dans les
bornes de la prudence, le sentiment national français éclatait avec une telle véhémence que l'Allemagne entière en frémissait de dépit et d'inquié-
tude.

« On le vit bien, dit l'abbé Wetterlé, aux céré-
monies de Noisseville et de Wissembourg, quand,
la Lorraine d'abord, l'Alsace ensuite, élevèrent
de splendides monuments aux soldats morts pour
la patrie. Jamais on n'avait vu chez nous pareil
concours de peuple, jamais un recueillement aussi
solennel, jamais une affirmation aussi émouvante
du culte du souvenir. Quand, à Wissembourg
(octobre 1909), tomba le voile qui recouvrait l'im-
posante statue de la *Gloire* et que la fanfare sonna
la *Marseillaise*, une émotion intense s'empara de
tous les assistants. Les jeunes gens, après un moment de surprise, entonnèrent bravement l'hymne
national français, tandis que des yeux brouillés de
mes voisins, de vieux parlementaires, tombaient
de grosses larmes. Ah! ce refrain chanté avec
tant de confiance par la jeunesse, ces larmes
silencieuses qui sillonnaient les joues des anciens,
n'était-ce pas là toute l'Alsace-Lorraine avec ses
impérissables regrets, mais aussi avec ses généreux espoirs (1) ? »

(1) *La Pensée française en Alsace-Lorraine*, par M. l'abbé
WETTERLÉ, p. 41. Paris, Plon-Nourrit.

Parfois, c'était l'arrogance allemande qui servait la cause française mieux que toutes les propagandes. L'incident de Saverne, les brutalités insolentes de von Forstner, traitant de *wackes* les habitants, la violence de la police sévissant contre des inoffensifs ou contre des hommes vénérables, couvraient l'Allemagne de ridicule et exaltaient l'indignation contre elle en même temps que l'amour de la France dans les cœurs alsaciens-lorrains.

La rumeur populaire trouva même parfois un solennel écho jusque dans l'enceinte du Reichstag. En 1896, le député alsacien Jacques Preiss s'écriait : « Cette paix de cimetière, qui plane sur le pays, dit que l'Alsace est satisfaite. Mais ce n'est là qu'une apparence : le cœur garde sa douleur et son espérance. »

La patrie de Kléber et de Kellermann était donc bien toujours « la petite France » de Michelet, « plus France que la France ». Elle vivait de souvenir et d'espérance obstinément, inlassablement.

Mais ce que nous venons de dire de l'Alsace s'applique aussi à la Lorraine. On a dit que ces deux provinces sont deux boulets attachés aux pieds du pangermanisme, et que, comme rien ne ressemble tant à un boulet qu'un autre boulet, il suffit de regarder l'une pour connaître l'autre. La Lorraine est donc aussi française que l'Alsace. Mais voici un trait délicieux qui montre que les Allemands sont bien édifiés à cet égard. Je l'emprunte à un article de Maurice Barrès.

« Un matin, dans la gare de Maubeuge, occupée par les Allemands, arriva un train sanitaire. On en descendit les blessés et entre autres un malheureux soldat de la garde prussienne. Demi-mort, à quoi bon le traîner plus loin ? Sa civière fut déposée dans une cour.

« Passe un major français, un de ceux qu'après la prise de la ville les Allemands ont gardés pour les aider auprès des malades. Le moribond voit ce Français, parvient à lui faire signe de s'approcher et fiévreusement embrasse le pantalon rouge. Un sous-officier boche qui passait haussa les épaules et dit : « *C'est un Messin !* »

Sous la trame transparente d'un roman Maurice Barrès nous a donné une belle tranche d'histoire messine, dans *Colette Baudoche*. Les humbles femmes qu'il met en scène, polies et mesurées à la française jusque dans les élans de leur patriotisme, jettent en souriant leurs fléchettes sur la baudruche du pédantisme prussien, mais comme on sent bien partout l'impérissable amour qui brûle dans leur cœur pour la France ! Sous la mousse légère de leurs ironies, quel flot puissant de passion irrédentiste qui s'épanchera un jour de leur cœur dans le cœur de leurs fils ! Le geste de Colette repoussant Asmus est bien, comme le dit la dernière ligne du livre, « *un geste qui nous appelle* ».

X.

LA RECONQUÊTE DÉFINITIVE
DE L'ALSACE-LORRAINE

La joie de la réunion.

Et voici que la France a répondu à ce geste.

Un an, un an déjà, au moment où nous écrivons ces lignes, s'est écoulé depuis qu'elle a mis la main à son épée rédemptrice ! Mais les libérateurs ne la déposeront pas jusqu'à ce qu'ils aient bouté les barbares « hors de toute France » !

Hors de toute France ! C'est le mot charmant de Jeanne d'Arc ! Hors de toute France, c'est hors de l'Alsace, hors de la Lorraine, hors de toutes les jolies provinces rhénanes qui s'échelonnent de Strasbourg à la mer du Nord. Les barbares au delà du Rhin, sur la rive droite du Rhin ! Voilà leur place !

Oui, bientôt, ils auront cessé d'asphyxier de leur haleine physique et morale notre rive gauche, et nous en serons délivrés pour toujours. Metz retrouvera sa virginité ; ce n'est plus elle seulement, mais l'Alsace-Lorraine, qui s'appellera Pucelle, et qui n'aura plus à craindre l'étreinte du reître sanglant.

*
* *

Le statut politique de l'Alsace-Lorraine.

Pas de neutralisation !

Il faut réunir purement et simplement les deux vieilles provinces celtiques. On a émis l'idée baroque d'en faire une sorte d'État-tampon entre la France et l'Allemagne, État dont l'indépendance et la neutralité seraient garanties par les grandes puissances.

C'est là une proposition intolérable. Ce serait une injustice flagrante, la violation des droits les plus certains et de la France et de l'Alsace qui réclament toutes deux une union absolue. Ce serait la séparation ; or, on ne peut séparer ainsi une fille et une mère ni supposer sans leur faire injure qu'elles y puissent consentir.

Ce serait la conception dangereuse et absurde jadis réalisée par la constitution du royaume de Lotharingie, royaume instable qui devait nécessairement pencher vers la France ou l'Allemagne et qui en effet ne dura pas. Après de douloureuses oscillations, il tomba du côté de l'Allemagne.

Il en serait à plus forte raison de même de nos jours, car nous sommes payés pour savoir quel cas l'Allemagne fait de la neutralité de ses voisins. Elle chercherait à la première occasion à accaparer l'Alsace-Lorraine et ce serait de nouveau la guerre.

Ce serait donc une suprême imprudence, une insanité criminelle de ne pas reprendre ces provinces qui ont besoin de nous comme nous avons besoin d'elles.

Pas de referendum non plus !

Arguant de ce principe excellent qu'il faut tenir compte de la volonté des populations dans le règlement de leur sort, le congrès socialiste international de Londres (février 1915) a proposé de faire voter les Alsaciens-Lorrains sur le statut politique et la nationalité qu'ils préfèrent, de leur offrir le choix entre la France et l'Allemagne.

Ce referendum est inutile et injurieux pour les intéressés.

Il y a longtemps que leur choix est fait. Il y en a 300.000 parmi eux qui voteraient évidemment pour l'Allemagne ; ce sont les immigrés allemands. Mais, en vérité, ce serait par trop fort de permettre aux oppresseurs de décider du sort des opprimés ! Il faudrait alors logiquement inviter Guillaume lui-même, qui possède des châteaux en Alsace, à venir déposer son bulletin de vote et à déclarer si, comme Alsacien, il opte pour la France ou pour l'Allemagne ! On ne saurait s'attarder une minute à une idée aussi saugrenue. Les immigrés qui ne seraient pas contents d'appartenir à la France n'ont qu'à repasser précipitamment le Rhin, avec leurs frusques que l'on visitera à la douane, de peur qu'il ne s'y trouve quelques-unes de nos pendules.

Les autres, au nombre d'un million et demi,

soupirent depuis un demi-siècle après leur véri-
table patrie, et nous leur ferions l'injure de douter
de leurs sentiments en leur demandant de les
exprimer de nouveau par un vote ! Mais ils les ont
exprimés mille et mille fois depuis 1870 en bravant
la schlague ! Mille et mille fois ils ont gémi de la
tyrannie des Allemands et nous leur proposerions
de s'y soumettre bénévolement après les en avoir
délivrés au prix de quels sacrifices ! En vérité ce
serait se moquer des larmes de l'Alsace et du sang
de nos soldats !

Ce serait exactement comme si, après avoir
chassé les barbares des départements qu'ils
occupent actuellement, nous demandions aux habitants de Lille, de Cambrai, de Saint-Quentin et
de Mézières d'opter entre la France et l'Allemagne
dont ils ont connu la douceur et les charmes
depuis un an ! On ne demande pas à des fils de
choisir entre leur mère et une marâtre ! On ne
met pas en délibération un droit clair comme le
jour !

Ce droit, notre droit comme celui de nos frères,
Maurice Barrès l'a exprimé en novembre 1914,
en ces quelques lignes simples et limpides comme
un axiome de géométrie :

« L'Allemagne en nous déclarant la guerre a
déchiré le traité de Francfort et supprimé toutes
ses conséquences. Donc nous sommes ramenés
à quarante-quatre ans en arrière. L'Alsace-Lorraine est un pays français qui vient d'être momen-

tanément occupé par l'ennemi. Il faut la considérer comme les autres parties de la France que les Allemands occupent depuis quatre mois. »

D'ailleurs, nous avons eu la satisfaction d'entendre le gouvernement de la République affirmer énergiquement cette thèse qui est celle du bon sens, de la justice et du patriotisme.

Le 18 février 1915, M. Viviani, président du Conseil, interpellé sur le vote réclamé par le Congrès socialiste de Londres, déclarait, aux applaudissements de la Chambre, que « la question n'a pas lieu d'être posée, puisque les provinces qui nous ont été arrachées par la force devront nous être rendues, non par l'effet d'une conquête, mais par l'effet d'une restitution ».

M. Poincaré avait déjà dit, le 7 décembre 1914, que la France voulait « une paix garantie par la réparation intégrale des droits violés et prémunie contre les attentats futurs ». Cette phrase dit tout : la justice pour le passé, la sécurité pour l'avenir, voilà nos deux raisons de reprendre l'Alsace et la Lorraine.

Dans le discours qu'il a prononcé le 14 juillet 1915 lors de la translation des cendres de Rouget de l'Isle aux Invalides, le Président de la République affirmait de nouveau le devoir qu'a la France de refaire l'intégrité de son territoire. Or, cette intégrité suppose la reprise non seulement de Lille et de Mézières, mais de Metz et de Strasbourg. M. Poincaré signalait aussi éloquemment le danger qu'il y aurait pour

nous à nous contenter d'une « paix boiteuse,
essoufflée », qui n'irait pas jusqu'à la satisfaction
complète de nos droits. Voici ces bonnes et fortes
paroles :

« Mais, puisqu'on nous a contraints à tirer
l'épée, nous n'avons pas le droit, Messieurs, de
la remettre au fourreau, avant le jour où nous
aurons vengé nos morts et où la victoire commune
des alliés nous permettra de réparer nos ruines,
de refaire la France intégrale et de nous prémunir
efficacement contre le retour périodique des provocations.

« De quoi demain serait-il fait s'il était possible qu'une paix boiteuse vînt jamais s'asseoir,
essoufflée, sur les décombres de nos villes détruites ?
Un nouveau traité draconien serait aussitôt imposé
à notre lassitude et nous tomberions, pour toujours, dans la vassalité politique, morale et économique de nos ennemis. Industriels, cultivateurs,
ouvriers français seraient à la merci de rivaux
triomphants et la France humiliée s'affaisserait
dans le découragement et dans le mépris d'elle-
même.

« Qui donc pourrait s'attarder un instant à de
telles visions ? Qui donc oserait faire cette injure
au bon sens public et à la clairvoyance nationale ?
Il n'est pas un seul de nos soldats, il n'est pas un
seul citoyen, il n'est pas une seule femme de France
qui ne comprenne clairement que tout l'avenir de
notre race, et non seulement son honneur, mais

son existence même, sont suspendus aux lourdes minutes de cette guerre inexorable. Nous avons la volonté de vaincre, nous avons la certitude de vaincre. Nous avons confiance en notre force et en celle de nos alliés comme nous avons confiance en notre droit.

« *Non, non, que nos ennemis ne s'y trompent pas ! Ce n'est pas pour signer une paix précaire, trêve inquiète et fugitive entre une guerre écourtée et une guerre plus terrible, ce n'est pas pour rester exposée demain à de nouvelles attaques et à des périls mortels que la France s'est levée tout entière, frémissante, aux mâles accents de la Marseillaise.*

« *Ce n'est pas pour préparer l'abdication du pays que toutes les générations rapprochées ont formé une armée de héros, que tant d'actions d'éclat sont, tous les jours, accomplies, que tant de familles portent des deuils glorieux et font stoïquement à la Patrie le sacrifice de leurs plus chères affections. Ce n'est pas pour vivre dans l'abaissement et pour mourir bientôt dans les remords que le peuple français a déjà contenu la formidable ruée de l'Allemagne, qu'il a rejeté de la Marne sur l'Yser l'aile droite de l'ennemi maîtrisé, qu'il a réalisé, depuis près d'un an, tant de prodiges de grandeur et de beauté.* »

Voilà, éloquemment exprimé, notre devoir : venger nos morts, réparer nos ruines, refaire la France intégrale, nous prémunir efficacement contre le retour périodique des provocations ! Mais la France serait-elle intégrale sans l'Alsace-Lorraine, et serait-elle en sécurité s'il restait un seul canon allemand sur la rive gauche du Rhin ?

* *
*

Le statut religieux de l'Alsace-Lorraine.

J'aborde ici une question délicate qui s'agite au plus intime des âmes alsaciennes et lorraines, dans le tréfonds de leur conscience. Les populations riveraines du Rhin et de la Moselle ont des traditions religieuses auxquelles elles sont profondément attachées. Ce serait pour elles une croix très dure, si elles perdaient, en venant à nous, la liberté d'y conformer leur conduite. Rien n'est plus angoissant pour des âmes libres que de sentir un antagonisme s'élever entre leur patriotisme et leur foi. S'il pouvait y avoir chez nos frères une hésitation à se rattacher à la France, elle viendrait de cette crainte.

M. Franck-Chauveau, ancien vice-président du Sénat, a traité cette question dans ces paroles d'une largeur de vues et d'une franchise courageuses :

« Sans doute, si les populations rhénanes deviennent nôtres, nous devrons apporter dans nos rapports avec elles une sagesse et un doigté auxquels beaucoup de politiciens ne sont pas habitués. On prétend qu'un certain nombre de nos parlementaires s'inquiètent des sentiments religieux de cette population, et qu'ils y trouveraient une objection contre l'annexion des pays rhénans. En effet, ces pays sont catholiques, et le Centre, au Reichstag, est composé surtout des représentants des provinces rhénanes. On raconte même qu'un de nos députés radicaux-socialistes, parlant des Alsaciens-Lorrains, témoignait une certaine appréhension et posait cette incroyable question : « Mais comment voteront-ils ? »

« Nous avons peine à le croire. Si, après les épreuves que nous traversons, après l'union autour du drapeau, après l'exaltation unanime des âmes dans le sacrifice, après l'aspiration de tous vers un objet idéal sublime, les luttes religieuses devaient renaître, si les persécutions contre tel ou tel groupe de Français devaient continuer, ce serait triste et ce serait grave.

« Mais si l'on prétendait appliquer ces procédés à nos frères d'Alsace-Lorraine, ou aux pays que nous considérons comme une partie essentielle de la défense nationale, si des esprits étroits voulaient y porter atteinte à la liberté religieuse, si l'on se refusait à comprendre la situation, à substituer à la politique de division et de coterie une politique de tolérance et d'union qui seule peut rattacher ces populations à la patrie française, ce serait vraiment à désespérer de notre pays. Et la France, qui s'est montrée si admirable devant l'agresseur, n'a pas mérité qu'on lui fasse cette injure. Non ;

elle ne persécutera pas une partie de ses enfants, elle ne sacrifiera pas à des intérêts étroits et sectaires les larges vues du patriotisme, elle appliquera à ses fils reconquis, comme à ses enfants d'adoption, la seule politique qui puisse les rattacher définitivement à la patrie. »

Au début de la guerre, dans un des premiers villages où l'autorité militaire installa une école française, l'instituteur, un brave sergent, au moment de commencer la classe, voyant les élèves rester debout, les pria de s'asseoir. Mais les enfants hésitaient, visiblement embarrassés. Étonné, il leur en demanda la raison. Ils répondirent : « *C'est pour la prière, Monsieur !* » Le jeune maître qui avait de la présence d'esprit et du tact reprit : « C'est bien, mes enfants, mais, en France, ce n'est pas le professeur qui fait la prière. Allons, quel est celui de vous qui va la dire ? »

Évidemment, l'omission de cet acte religieux eût choqué ces petites âmes. Voilà, me semble-t-il, l'image de l'impression que produirait l'hostilité contre les croyances du pays.

Les Allemands ont eu l'habileté de respecter, de favoriser même ces croyances. Ils ont laissé subsister le Concordat français de 1801. Le parlement de Strasbourg a même, par plusieurs lois successives, généreusement élevé le traitement des ministres des différents cultes, en le portant à 2.625 francs pour les succursalistes, à 4.000 pour les rabbins, à 5.500 pour les pasteurs dont les charges sont plus lourdes.

La loi Falloux, modifiée par des ordonnances en 1873, est toujours en vigueur. L'enseignement a gardé son caractère confessionnel dans les écoles primaires, sauf dans quatre communes, dans les lycées et les collèges et dans les écoles normales d'instituteurs.

Enfin les congrégations religieuses établies dans le pays y sont légalement autorisées.

Cette situation religieuse est totalement différente de celle de la France. Il serait souverainement imprudent et injuste, de la part du gouvernement, de la bouleverser. C'est l'opinion d'un grand nombre d'anticléricaux en deçà et au delà des Vosges. Il y a cependant là une vraie difficulté et elle ne semble pas pouvoir être solutionnée autrement que par une entente avec le Saint-Siège.

L'Alsace-Lorraine compte sur la bonne volonté, l'habileté et la loyauté de nos hommes d'État. Elle a heureusement une garantie. Ce sont les paroles qu'ont prononcées les deux hommes les plus qualifiés pour parler en l'occurrence au nom de notre pays.

Le général Joffre a dit aux habitants de Thann :

« *La France apporte, avec les libertés qu'elle a toujours respectées, le respect de vos libertés à vous, des libertés alsaciennes, de vos traditions, de vos convictions, de vos mœurs.* »

Et M. Poincaré a confirmé cette promesse en ces termes :

« *La France, tout en respectant les traditions et les libertés des provinces qui lui ont été arrachées par la force, leur rendra leur place au foyer de la patrie.* »

Ces paroles sont définitives ; elles ont la valeur d'une parole d'honneur, d'un engagement officiel. Elles sont, comme le disait l'abbé Collin, la charte de l'Alsace-Lorraine. La France n'oubliera pas « *le pacte de Thann* ».

XI

LA RECONQUÊTE DÉFINITIVE
DE LA FRANCE RHÉNANE

La rive gauche réfractaire à la germanisation.

Après le rapt de 1815, l'Allemagne, de nouveau maîtresse des belles provinces ripuaires, s'efforça de leur faire oublier la France. Mais elle procéda comme toujours *manu militari*, avec sa violence et sa lourdeur habituelles. Elle interdit la langue française que l'on commençait à parler, surtout dans les villes. Elle détruisit les monuments de nos gloires. Mais tous ses efforts échouèrent.

Le prussien Schmettau avait dit en 1709 qu'il faudrait « une chaîne de deux cents ans » pour asservir l'Alsace à l'Allemagne et lui faire oublier notre pays. On pourrait en dire à peu près autant de la région voisine qu'habite une race également celtique. Le souvenir français y est demeuré toujours vivant. Quelques faits vont le prouver.

En 1865, la Hesse voulut célébrer le cinquantenaire de l'annexion des terres qu'elle avait acquises au Traité de Vienne. Mais le Conseil municipal de Mayence refusa à une forte majorité de s'associer à cette manifestation. Les enfants de ceux qui avaient lutté en 1793 contre la Prusse et contre la Hesse avaient gardé la nostalgie de la France et, comme les captifs antiques, ils suspendaient leurs lyres aux branches des arbres sur les rives du fleuve profané, pour ne pas chanter en l'honneur de leurs conquérants.

Cette affection que nous gardait la rive gauche dut être plus vive et plus profonde qu'on ne l'imagine. Mais un mot de Guillaume Ier nous en révèle la persistance. Il hésitait en 1871 à annexer l'Alsace-Lorraine et la raison qu'il en donnait, c'était l'exemple de la province voisine. « *Jamais*, disait-il, *nous n'en viendrons à bout. Rappelez-vous le mal que nous avons eu à germaniser les Rhénans.* » Vers la fin de sa vie, répondant à des conseillers qui s'impatientaient de l'esprit réfractaire de l'Alsace-Lorraine, il disait encore :

« *Les Français n'ont occupé la province rhénane que vingt ans à peine et, après soixante-dix ans, leurs traces n'y sont pas effacées.* »

Il paraît que les vieux habitants disent encore qu'ils vont « en Prusse » pour signifier qu'ils passent sur la rive droite du fleuve. Sa rive gauche est donc toujours pour eux la France !

Il faut croire que Bismarck avait conscience de la faillite de la germanisation dans les provinces rhénanes, car à la veille de Sadowa, alors qu'il méditait son coup de force contre l'Autriche et ne craignait que l'opposition de la France, il aurait volontiers, pour gagner la neutralité de Napoléon, abandonné la rive gauche du Rhin. Il confia un

soir au général italien Govone : « Je suis beaucoup
moins Allemand que Prussien, et je n'aurais
aucune difficulté à souscrire la cession à la France
de tout le pays compris entre le Rhin et la Moselle,
le Palatinat, Oldenbourg (enclave de Birkenfeld)
et une partie de la province prussienne. » Dans une
conversation avec un autre diplomate, il parlait
même de nous céder toute la rive gauche... Il est
probable qu'après le coup de Sadowa, mis en
appétit par la victoire, il ne pensa plus à nous
céder la région cisrhénane et qu'il y pensa encore
moins après 1870.

Voici encore à cet égard deux anecdotes qui en
disent long :

Le colonel Biottot a écrit :

« En 1870, je traversai le Palatinat en prisonnier ;
à une station du convoi, je me penche à la portière
en murmurant : « Où sommes-nous ? » Une voix
me répond du dehors : « *Dans le département*
« *du Mont-Tonnerre ! ! !* » C'était un membre de
la Croix-Rouge de la région offrant ses services.
A Mayence, accueil sympathique ; on regrette
manifestement notre défaite, le grand duc de
Hesse-Cassel tout le premier. Il nous fait servir
un repas et nous rend visite : souvenir français,
influence persistante de chevalerie, que n'a pu
étouffer la barbarie poméranienne ! »

J.-J. Weiss a raconté que, visitant Trèves, en
septembre 1871, il fut pris à partie par un petit
homme courbé et cassé qui lui dit sur un ton de

mépris : « Que sont donc devenus les Français pour s'être laissé battre par les Prussiens ? — Mais, lui répliqua l'écrivain, estimez-vous si peu les Prussiens ? Ne l'êtes-vous pas ? — *Oui, dit-il, sujet prussien; mais Trévirois et fils de Trévirois. Vous connaissez le proverbe : Où le Prussien a une fois p...., il ne pousse plus rien ! Et puis, mon père a été soldat du grand Napoléon !* »

*
* *

Le don d'assimilation de la France.

Nous avons vu que, en 1865, les autochtones cis-rhénans étaient encore bien fidèles à la France, puisqu'ils refusaient de fêter le cinquantenaire de leur annexion à l'Allemagne. Mais les cinquante années écoulées depuis lors n'ont-elles pas effacé notre souvenir ?

Il est certain que la germanisation a dû progresser. Une œuvre, poursuivie pendant cent ans avec la ténacité que mettent les Allemands à toutes leurs entreprises ambitieuses, ne peut être tout à fait stérile, en dépit de leurs maladresses. Il est clair aussi que les circonstances les ont servis. Le succès prodigieux, obtenu par la Prusse sur l'Autriche en 1866 et sur la France en 1870, lui a donné un immense prestige dans le monde entier. Le développement économique de l'Allemagne, en enrichissant tous les États confédérés dont elle se compose, les a attachés à sa fortune par le lien de l'intérêt. Il faut aussi tenir compte de l'immigration qui a recouvert plusieurs contrées de la rive gauche d'une nuée d'Allemands d'outre-Rhin. Enfin il faut y ajouter la propagande intellectuelle, littéraire, intense qui caractérise cette nation. Ces quatre causes, militaire, économique, ethnique, intellectuelle ont dû agir puissamment au détriment de la France.

Cependant, bien des indices permettent de croire qu'elle regagnerait très facilement et très vite le terrain perdu.

Cet espoir se fonde sur deux facultés des races en présence, facultés contradictoires et complémentaires : c'est la faculté d'assimilation active de la race latine et la faculté d'assimilation passive de la race germanique.

La race latine s'assimile très facilement et très vite les races qu'elle touche, parce qu'elle les prend par l'esprit et par le cœur. Elle les domine de toute la hauteur de son idéal ; elle les séduit par la beauté et le charme de sa civilisation ; elle les attire par l'aménité de son caractère, par sa bonté et son affection quasi maternelle. Elle les frappe à son image ; elle les latinise. Elle exerce cet empire non seulement sur ses vaincus, mais sur ses vainqueurs. C'est au fond l'empire éternel de l'esprit sur la matière, la victoire de l'idée sur la force.

L'antiquité avait vu cette chose étrange et qui

étonnait Horace, la Grèce, vaincue par Rome, imposer à Rome sa pensée et sa culture :

Graecia capta ferum victorem cepit...

C'était la beauté grecque qui domptait la violence romaine. C'était l'Hélène éternelle qui, après avoir séduit l'Asie et les vieillards de Troie, séduisait les forts et les sages de l'Italie.

Plus tard, Rome domine la Gaule, mais, comme elle s'est transformée, comme elle ne représente plus seulement la force matérielle, mais aussi la force morale et spirituelle, elle s'assimile notre patrie, elle lui donne sa forme divine ; la terre de Vercingétorix se latinise.

Au vᵉ siècle, la Gaule est envahie et soumise par les Francs. Cette fois, c'est le phénomène de la Grèce, vaincue et victorieuse de Rome, qui se renouvelle :

Gallia capta ferum victorem cepit...

Les Francs se dégermanisent en se christianisant, et la France naît de là.

La même vertu opère sur les Wisigoths, les Burgondes, les Lombards, les Normands, qui se dépouillent eux aussi, à l'exemple des Francs, de leur barbarie ancestrale et se plient facilement à la discipline intellectuelle et morale de la France. De là sort une race qui n'a plus rien de la férocité germanique.

C'est un phénomène moral qui rappelle certaine réaction chimique ; des acides violents, corrosifs ou toxiques, unis à un métal, à une base, perdent leur nocivité et forment un sel neutre, doué de nouvelles et précieuses propriétés. Ainsi l'acide germanique ou même prussique de certains peuples, neutralisé par la base celtique ou le franc métal latin, a donné des races parfaites.

Cette assimilation serait d'autant plus facile sur les populations ripuaires qu'elles ne sont pas de race gothique ni burgonde, mais de vieille souche gauloise, sur laquelle s'est greffé le rameau franc. Elle s'est accomplie avec la plus grande aisance pendant l'occupation française de 1797 à 1815. Elle aura encore lieu bientôt quand nous aurons recouvré « nos limites naturelles ».

On se rappelle ce que nous avons dit plus haut sur le type ethnique et physique de la population. En dehors des bourgs-pourris de l'immigration allemande, elle n'est germanique qu'à fleur de peau, mais gallo-franque de sang et de cœur. Si les paysans ont oublié les chartes et les chroniques des temps mérovingiens, ils ont en revanche entendu parler sous le chaume de Custine, de Kléber et de Napoléon, sous lesquels ont servi leurs grands-pères. Plus d'un prendrait encore plaisir, comme en 1870, à répondre à l'étranger lui demandant où il est : « *Département du Mont-Tonnerre ! ! !* »

Il est dans tout ce pays, suivant l'heureuse expression de M. Charles Maurras, dans *l'Action Française*, « *des virtualités de développement français ultérieur* ».

***

La Moselle et le Rhin nous désirent.

En 1815, lorsque leur pays fut adjugé à l'Allemagne, beaucoup de Rhénans s'expatrièrent pour ne pas devenir Teutons. Le descendant de l'un de ces émigrés de vieille souche rhénane écrivait récemment à Maurice Barrès :

« Mon trisaïeul P. G..., maire de Sarrelouis sous Louis XV, créa dans les environs de cette ville, ainsi que dans le duché de Nassau-Sarrebruck, des forges d'acier, des fonderies qui fournirent quantité d'armes et de munitions aux armées de la République et de l'Empire. Ces établissements furent annexés à la Prusse en même temps que Sarrelouis et Sarrebruck, à la suite de la deuxième invasion en 1815. Mon grand-oncle, un ami de Berryer qui relate le fait dans ses *Mémoires*, ne voulut pas survivre à la rectification de la frontière et signa son testament : « G..., « mort Français. » Plus tard, mon père, désirant conserver sa nationalité française, créa de nouvelles usines aux environs de Saint-Avold. Et celles-ci ayant été à leur tour annexées à l'Allemagne en 1871, nous sommes venus en Meurthe-et-Moselle... »

« Voilà, ajoute M. Barrès, qui vous donne une idée, n'est-ce pas, de la vie qu'à travers les générations on nous fait mener dans l'Est, et on s'expliquera que nous demandions des garanties ! Mais, écoutons encore les renseignements de mon correspondant :

« Ayant conservé, me dit-il, de nombreuses relations avec des familles restées de l'autre côté de la frontière, et même en Prusse, au delà de l'ancienne limite de 1815, je crois connaître l'esprit des classes dirigeantes de ces pays. Ces gens ont conservé non seulement des mœurs et des goûts français, mais encore des relations fréquentes, voire même intimes, avec les branches de leurs familles demeurées françaises, habitant la Lorraine et Paris. Je citerai... Avec le temps, ces familles, qui ont une influence considérable dans le pays, seraient certainement ralliées à notre domination. »

« Qu'est-ce que je vous disais ! Il n'y a pas, à mon goût, de pays plus excitants pour l'imagination que la vallée de la Sarre, la divine Moselle, le grand-duché de Luxembourg, toutes ces terres qui nous attendent éternellement. »

M. Diehl, professeur à la Sorbonne, membre de l'Institut et Alsacien, disait récemment à M. Barrès qu'après la reprise de l'Alsace, il irait volontiers avec Ernest Lavisse et quelques autres de ses collègues professer à Strasbourg et il demandait à l'académicien s'il ne voudrait pas se joindre à eux pour aller, lui aussi, porter la bonne parole à nos frères rachetés. M. Barrès lui fit, dans l'*Écho de Paris*, cette réponse où éclate son amour ou même sa préférence à quelques égards pour les rives de la Moselle avec la certitude qu'il a de les voir bientôt refrancisées.

« Ah ! mon cher monsieur Diehl, je ferai tout ce que Strasbourg et Metz voudront ; mais quand je rêve, ou plutôt quand je réfléchis, je me vois surtout m'allant promener librement à Luxembourg, où j'ai déjà des amis, et plus loin dans ces belles villes de Trèves, de Coblence et plus bas encore pour y faire aimer la France, car ces populations auront à choisir de se rattacher à nous et de partager fraternellement notre existence, ou bien de garder leurs destinées propres sous la garantie d'une neutralité perpétuelle.

« Il ne peut plus être question au long de la charmante Moselle et sur la rive gauche du Rhin d'aucune souveraineté de Bavière, ni de Prusse, d'aucune pensée pangermaniste. Nous voulons la paix du monde, la sécurité pour nos fils et pour nos petits-fils.

« D'ailleurs, nos enfants seront aisément aimés, sur cette rive gauche. Nos pères y étaient hautement estimés. Ces beaux territoires, soustraits à la brutalité prussienne, ne tarderont guère à fournir, sous la discipline française, d'excellents éléments graves, patients, loyaux, qui s'équilibreront très bien dans notre nation. Je me rappelle, parmi les jours les plus heureux de ma vie, ceux que j'ai passés à errer en bicyclette, en bateau, à pied, de Metz à Coblence, parmi ces forêts, ces montagnes romanesques, ces petits villages tout pleins de souvenirs de la Révolution et du premier Empire.

« Je n'étais pas en Allemagne, mais sur des territoires qu'un seul rayon de soleil de France mettrait au point. Le Rhin est un vieux dieu loyal. Quand il aura reçu des instructions, il montera très bien la garde pour notre compte et fera une barrière excellente à la Germanie. Vous verrez, nous nous assoirons comme des maîtres amicaux sur la rive du fleuve, et nous ranimerons ce que la Prusse, « le sale peuple » (n'en déplaise au professeur maboul de l'Université de Bordeaux), a dénaturé et dégradé, mais qui était bien beau. Nous libérerons le génie de l'Allemagne qu'ont aimé follement nos pères. »

Voici un autre rhénan qui exprime le même ardent désir de fêter bientôt le retour de son pays à la France. Il a écrit à M. Jacques Bainville une lettre que celui-ci a citée dans *l'Action Française*.

« Oui, insistez sur la nécessité pour notre pays de retrouver au moins la France de 1814. Dans bien des coins et bien des familles, il est resté un vivant souvenir des temps passés et ce sera une surprise pour beaucoup de constater la facilité d'assimilation par nous de ces terres qui sont encore sous la botte prussienne. Il n'y a pas seulement le charbon, il n'y a pas seulement la riche industrie de la vallée de la *Sarre*. Il y a le souvenir, il y a le sang français, les années dépensées par Vauban, à Sarrelouis, *chez moi*. Il y a Ney, Grenier, quinze divisionnaires et généraux de brigade donnés à la France par cette petite ville et ses environs immédiats. L'an dernier (novembre 1913), nous enterrions, avec quelques amis, le dernier de ces braves, le général Étienne. Il repose dans le cimetière de son village natal: *Beaumarais*. Est-ce un nom allemand? Et Vaudrevouge et Bourg-Dauphin et Picard? Sont-ce des noms allemands encore?...

« Tout ce pays est peuplé de descendants des colons de Louis XIV. Ney, Grenier, Leroy, Donnevert, Beauchamp, Bertinchamp, Cordier, Landry, sont des noms que vous retrouverez sur toutes les échoppes de Sarrelouis.

« Pensez à ma famille maternelle, les..., les..., qui sont restés sur la brèche depuis cent ans, alors que toutes les vieilles familles s'éteignaient peu à peu; nous nous sommes passé le flambeau de génération en génération, au milieu de quels sacrifices et de quels déboires! Est-ce pour échouer au port?

« Grand Dieu, non, je l'espère. S'il fallait renoncer à cet espoir, nos morts sortiraient de leur tombe pour maudire les *petits Français* qui les auraient laissés en terre étrangère... »

M. Jacques Bainville ajoute éloquemment :

« N'est-elle pas profondément dramatique cette protestation d'un soldat de 1915 contre les cruels abandons de 1815? Ce sont trois générations qui crient à travers les lignes de cette lettre. Ce sont des voix d'outre-tombe qui parlent par la bouche de ce contemporain...

« Alors (car c'est le moment de faire appel à tous les sentiments, à toutes les forces) on peut demander à Gustave Hervé, qui se réclame si souvent de la tradition révolutionnaire, s'il a oublié que, tout le long du XIXᵉ siècle (jusqu'à 1870, ô ironie !), l'abolition des traités de 1815 et la reprise des territoires perdus après Waterloo ont été l'article fondamental du programme des démocrates français. Ah ! ce ne sont pas seulement les vieilles familles françaises de Sarrelouis qui se retourneront dans la tombe en écoutant les sarcasmes d'Hervé sur la rive gauche du Rhin. C'est Armand Carrel, c'est Armand Marrast, c'est Louis Blanc, Barbès, Blanqui, tous ceux qui ne séparaient pas de leur propagande pour la Révolution et la République le sentiment national, tous ceux pour qui le premier devoir de la France libérale devait être d'achever la nation et de lui rendre les Français séparés de leurs frères et tombés sous le despotisme étranger... »

*
* *

Le mariage de Colette et d'Asmus.

Il y a en terre mosellane et rhénane des gens de souche celtique mais que des siècles de kultur ont plus ou moins profondément germanisés ; il y en a aussi qui sont de purs Allemands immigrés depuis plus ou moins de générations. Eh bien, je crois que le don d'assimilation, le charme de la race latine, opérera même sur ceux-là.

Ils éprouveront bientôt, au contact intime de notre civilisation, cet étonnement ému qui saisit le gros Asmus, tout frais émoulu de ses pédantes Universités, à son arrivée à Metz et dans sa visite à la place Stanislas de Nancy. Ils voudront se hausser à cette finesse de la vraie culture que l'on ne soupçonne pas en Poméranie ni même sous l'allée des Tilleuls.

Ce sont bien les deux races éternellement antagonistes que Maurice Barrès a mises en regard dans son roman. Mais il peut arriver que leur antagonisme cesse à certains jours et que l'une soit attirée vers l'autre par une mystérieuse sympathie. C'est le sentiment qu'éprouve Asmus. Sous le clair regard de Colette, il sent fondre son pangermanisme comme sous un rayon de soleil et il oublie la savante demoiselle de Kœnigsberg. La petite Messine elle aussi est troublée et il semble presque qu'elle va dire oui, quand un sursaut de sa race, un tour de sang, lui fait dire non. C'est là le sentiment patriotique que Maurice Barrès a voulu mettre en relief et auquel il faut applaudir.

Et cependant, à la réflexion, on se demande si une autre solution, dont l'auteur lui-même nous fournit les éléments, eût été contraire au patriotisme. Si un mariage avait eu lieu, n'est-ce pas Colette, et en elle la France, qui aurait conquis et assimilé le Germain ?

C'était la pensée que Jaurès exprimait ainsi :

« Est-il possible, écrivait-il, qu'une Colette et qu'un Ehrmann, qui parviennent à imprimer jusque dans l'esprit du vainqueur une noble image de la France, s'obstinent à repousser ceux sur qui le charme français aura opéré ? Entre M. Ehrmann et l'élite des Allemands immigrés, il se créera un lien subtil et fort, une communication d'ordre supérieur, et l'idée viendra un jour à ce jeune homme que cette mutuelle sympathie pourrait s'élargir jusqu'à envelopper les deux nations. Et Colette ? Elle refuse de se marier avec Asmus, soit. Mais elle a hésité ; on a entrevu que si elle épousait Asmus elle travaillerait avec lui à réconcilier Français et Allemands, et par là le livre de M. Barrès nous prédispose à l'indulgence...

« Ainsi, concluait Jaurès en interpellant M. Barrès, parce que vous avez le sens de la vie, vous ne pouvez enfermer l'ample mouvement des choses dans les formules étroites que vous préférez. Vous vous démentez et vous vous dépassez vous-même, à votre insu, en nous suggérant, malgré que vous en ayez, l'idée d'une revanche plus haute, celle du génie français parvenant à se faire comprendre du génie allemand et à le combattre. »

« Je n'ai jamais oublié, continue Barrès, cet article de Jaurès. Il est de grande portée. Étant donnée l'opposition de ses idées doctrinales et de mes idées propres, les faits sur lesquels nous nous accordions prenaient à mes yeux une rare valeur.

La civilisation française dans les pays annexés conquiert les Allemands, s'impose à leurs professeurs, transforme leurs mœurs, voilà ce que Jaurès me concédait, en ajoutant qu'il avait bien pu en être toujours ainsi.

« Il se pourrait bien, disait-il, que depuis deux mille ans, il y eût, de ce côté-ci du Rhin, des Colette qui ne veulent pas épouser des Asmus. Quand par force le mariage s'est accompli M. Asmus, après s'être fait appeler quelque temps M. Asmus-Baudoche, s'est trouvé, un beau jour, Baudoche tout court, ne voulant plus rien savoir des Asmus. »

Jaurès allait trop loin. Il voulait un colossal mariage entre la France et l'Empire allemand, mariage où la France aurait tout sacrifié, mais où elle aurait, en revanche, fécondé de sa grâce le génie du Reître. Ce fut là, comme dit Barrès, « l'effroyable chimère » du tribun socialiste, car le Reître, quand il est chez lui, est brutal et rappelle un peu trop Barbe-Bleue. Mais quand il n'est pas chez lui, il est en effet maniable et civilisable.

Jamais nous ne dégermaniserons la Germanie chez elle. Là où elle est indépendante, elle est trop orgueilleuse pour se laisser polir par une idée étrangère. Quand les Allemands opèrent par masses compactes, en temps de paix comme à la guerre, ils sont impénétrables, ils se défendent : aucun souffle du dehors ne peut circuler dans cette forêt touffue. Au contraire, quand ils sont à l'étranger, sans espoir de pouvoir l'emporter par l'espionnage et la trahison, ils sont dociles, serviles même et éminemment assimilables.

« C'est, dit Onésime Reclus, celui de tous les peuples qui se confond le plus vite avec les citoyens de son pays d'émigration. Personne ne dit mieux que lui : La patrie c'est là où l'on est bien ! La patrie n'est pas où je naquis, mais où je mange. Ils disent en leur langue : Je chante la chanson de celui dont je mange le pain : *Wessen brod ich esse, dessen Liede ich singe.* Ils n'ont de force, de vitalité, de durée qu'en masse et, comme on sait, c'est ainsi qu'ils vont à l'assaut. Partout, en France, en Italie, en Algérie, aux États-Unis, en Canada, en Argentine, en Chili, leur disparition ne demande qu'une ou deux générations (1). »

Et c'est pourquoi le rêve de Jaurès, ramené à une plus modeste échelle, ne serait pas une chimère. Le Germain ou le Germanisé, chez nous, en terre rhénane de rive gauche, serait vite francisé.

C'était aussi la pensée de Frédéric Mistral. Le poète de Mireille écrivait à Barrès, à propos de *Colette Baudoche,* cette lettre curieuse et de grand sens :

« *Vous rendez si sympathiques le terroir et la race (de Metz) que le bon gros Allemand Frédéric Asmus est vaincu en peu de temps, et vaincu de façon si naturelle et si honnête qu'on regrette vraiment la maussaderie finale de la petite*

(1) Onésime RECLUS, *Le Rhin français, annexion de la rive gauche,* p. 75. Paris, Attinger, 1915.

Colette. Étant donné que le germanisme finit toujours par se fondre dans la latinité, — à preuve la fusion rapide des innombrables envahisseurs de l'empire romain, — il est certain que, par le seul effet des influences naturelles, les immigrés allemands sont destinés à faire des fils et petits-fils lorrains, et par eux la Lorraine reprendra son autonomie. Je remarque en Provence que les fils des Métèques sont généralement plus ardents que les indigènes de vieille roche. C'est le mystère de la greffe. Donc j'aurais vu avec plaisir le bon docteur Asmus contribuer à repeupler Metz de jeunes patriotes. Il méritait bien cette jolie récompense. »

Changez Metz ; mettez à la place Trèves, Mayence, Coblence, même Cologne et Aix-la-Chapelle, ce sera encore vrai.

Encore une fois, il s'agit d'une opération restreinte et tentée dans des conditions spéciales ; nous ne prétendons pas conquérir l'Allemagne et la dégermaniser chez elle. Colette aurait tort d'aller essayer son pouvoir sur la rive droite : mais la rive gauche lui appartient, et, en descendant le Rhin, de Strasbourg à Cologne, elle porte partout avec elle le sceptre de la beauté latine.

L'académicien en convient, me semble-t-il, quand il écrit, dans le même article si suggestif que je viens d'exploiter :

« C'est l'opération que nous réussirons à Trèves et à Coblence et dans toutes ces charmantes petites

villes de la basse Moselle. Aisément, par la douceur de la vie française que nous y transporterons,
nous ferons le plus beau mariage. Des unions, qui
n'étaient pas possibles à Strasbourg et à Metz, le
deviendront; car il y a la manière, et ce ne sera plus
la manière prussienne. Ils étaient légion, hier, les
Allemands qui se tournaient vers nous comme les
plantes vers le soleil. Le dur génie destructeur de
la Prusse les contrariait, les contraignait, les déna-
turait. Libérés de cette barbare tutelle, les bords
du Rhin, trop heureux de respirer à leur aise,
prendront leur libre rythme, aisément accordé
au nôtre.

« *Dans l'intérieur de notre frontière rhénane*
pourra s'épanouir, avec le temps, le rêve de
Mistral, qui ne voulait pas comprendre les obliga-
tions que l'honneur imposait aux filles d'Alsace et
de Lorraine et qui souhaitait le mélange des deux
races pour le profit du monde français et latin. »

XII

L'AGRANDISSEMENT DE LA BELGIQUE

La Belgique doit s'agrandir.

Après la cruelle expérience qu'elle vient de faire de la bonne foi germanique, la Belgique ne peut plus se fier à la parole de l'Allemagne. Elle *doit* pouvoir *se défendre* et par conséquent elle *doit se fortifier* et pour cela *s'agrandir.*

Sans doute, l'Allemagne vaincue sera bientôt affaiblie, ruinée par la guerre et désarmée par les conditions qui lui seront imposées ; sans doute les puissances actuellement coalisées contre elle continueront pendant la paix à se tenir étroitement unies et à veiller au salut de l'univers, en empê-chant l'ennemi commun de se relever ; sans doute aussi, par conséquent, la Belgique pourra compter sur leur assistance pour sauvegarder son intégrité et son indépendance contre une nouvelle agression de l'Est. Mais elle aurait tort de s'en tenir là et de compter sur une neutralité, même garantie par les grands États, dont elle sait le cas que l'on fait à Berlin. Elle doit se dire que l'Allemagne cherchera à se refaire et à se venger. Elle doit prendre toutes les précautions possibles : et la meilleure c'est la force personnelle et non le secours d'autrui.

Elle se suiciderait, si elle refusait les moyens

que lui offrira la commune victoire des Alliés de se rendre inattaquable. C'est pour elle une nécessité vitale, un devoir de conscience patriotique, de les employer tous. C'est aussi un devoir international, devoir qu'elle a contracté envers l'Europe. Sa chute entraînerait de nouvelles catastrophes mondiales dont nous ne nous voulons plus et qu'elle doit s'éviter et nous éviter.

Pour écarter ce danger, on ne lui demande qu'un seul sacrifice, celui de sa modestie. On ne lui demande que de se laisser enrichir et agrandir. Elle doit accepter les terres que lui offriront les Alliés, à savoir la partie de la Prusse rhénane située au nord de l'Eifel, riche contrée qui comprend Aix-la-Chapelle, Cologne et Crefeld, plus certaines rectifications de frontières du côté de la Hollande et du Luxembourg, dont nous parlons plus bas.

*
* *

Objection : la question des races.

Il paraît que la chose ne va pas toute seule. Un certain nombre de Belges voient de mauvais œil cet accroissement de territoire. Ils estiment que leur nation n'est pas assez nombreuse, pas assez forte pour s'assimiler la population relativement considérable de la région rhénane. Elle a déjà la race flamande et la race wallone qui ne s'entendent pas trop bien. La race teutonique ne serait-elle pas un troisième élément hostile, un ferment de division morale et politique, une cause de perpétuelles perturbations ?

C'est entendu, ce danger existe. Mais entre deux maux il faut choisir le moindre. Or le danger d'une nouvelle invasion barbare, le danger de laisser l'Allemagne puissante et vindicative à ses portes, le danger de rester une petite nation exposée à tous les coups, soumise à tous les affronts et à toutes les servitudes, menacée tous les jours d'une mort peu glorieuse, nous semble autrement grave pour la vie et l'honneur de la Belgique que le danger de complications intérieures qu'elle peut d'ailleurs écarter pour une grande part.

En effet, avec l'habileté et le doigté dont elle a souvent fait preuve, elle peut atténuer, sinon faire disparaître complètement le mal. La race allemande est servile ; elle se courbe sous la force ; elle accepte facilement le régime qui lui parle de haut. C'est la plus assimilable de toutes les races. Elle l'a montré dans le passé. La barbarie des Francs, des Burgondes, des Wisigoths a fondu comme la glace au rayonnement de la civilisation gallo-romaine. Le fier Sicambre est devenu le doux Sicambre, *mitis Sicamber*, de saint Remy. Les gens d'Aix-la-Chapelle et de Cologne se feront parfaitement avec le temps au régime belge.

Nous n'avons pas à entrer ici dans les problèmes que soulèvera la vie intérieure de la Belgique agrandie. Ses hommes d'État ont souvent fait preuve d'un haut sens politique. Ils sauront faire régner la paix et l'harmonie entre les races de leur nation. Les Flamands et les Wallons y contribueront en s'unissant, comme ils le font surtout depuis la guerre. Ils sont capables de tous les efforts que leur demande le patriotisme. Ce sentiment ne sera pas amoindri chez eux par l'adjonction d'un troisième élément de population. Les Ripuaires se mettront vite au pas, plus vite qu'ils ne se sont mis au pas de l'oie après leur annexion à la Prusse en 1815.

Cependant la Belgique est à la fois juge et partie dans cette grave question. Nous pouvons lui exposer notre point de vue : à elle de dire le dernier mot. Si, malgré tout, elle ne veut pas d'annexion, on ne l'y peut contraindre. Toutefois, il existe un petit territoire au moins qu'elle sera certainement heureuse de reprendre, celui de *Malmédy* et de *Montjoie* qui a été détaché du pays de Liége et réuni contre toute raison et tout droit à la Prusse par le traité de Vienne : c'est une population entièrement wallonne.

Quant à la Prusse rhénane septentrionale, si nos voisins n'en veulent pas, la France avisera à un autre moyen d'en éliminer le virus germanique. Elle devra ou bien établir un gouvernement ou un principat entièrement soumis à son protectorat, ou bien se l'annexer purement et simplement, comme elle le fit en 1797 : nous avons vu qu'elle y a tous les droits. C'est, semble-t-il, le parti le plus simple et qui créerait le moins de difficultés.

*
**

La question du Limbourg.

Enfin, il est une rectification de frontière qui doit également être envisagée : au nord-est celle du Limbourg, au sud-est celle du Luxembourg.

Le Limbourg a été en 1839 très maladroitement partagé entre la Belgique et la Hollande. Prenez une carte, vous verrez que la partie méridionale du Limbourg hollandais, qui contient Maëstricht, est placée de guingois sur le flanc du Limbourg belge et forme une sorte de poche bizarre, excentrique, qui déborde de la Hollande pour pénétrer dans les chairs de la Belgique. La ville de Maëstricht avec son territoire revient donc à celle-ci par droit de configuration géographique, sans compter que, ayant fait jadis partie de la principauté de Liége, elle lui revient aussi par droit historique.

Ce modeste accroissement ne peut soulever de la part de la Belgique une objection semblable à celle que fait naître l'annexion de la Prusse rhénane, car il ne s'agit ni de la Prusse, ni du Rhin, mais d'une ville meusienne, d'un territoire restreint, facilement assimilable pour la Belgique en raison des affinités de langue, de race et de mœurs qu'il lui offre.

La seule difficulté que l'on puisse craindre

surgirait du côté de la Hollande dont le consentement est évidemment nécessaire. Mais il semble
qu'elle ne le refuserait pas, si on lui offrait en
compensation la Frise allemande qui est beaucoup
plus vaste et qui compléterait d'ailleurs avantageusement la Frise hollandaise. Cette province est
est un bien en quelque sorte patrimonial de la
Hollande, bien qui lui a été arraché et qu'elle doit
être heureuse de recouvrer.

Au sud-est est le grand-duché de Luxembourg.
Mais, comme sa possession intéresse également
la France, la question mérite d'être traitée à part.

XIII

LA QUESTION DU LUXEMBOURG

La question du Luxembourg ne saurait être éludée. Il n'est indifférent à personne que ce petit État placé sur la grande route de la France et de l'Allemagne subisse l'influence de l'une ou de l'autre de ces puissances.

Trois solutions seulement sont acceptables du point de vue de notre sécurité et de la paix générale : ou sa réunion à la Belgique, ou son annexion par la France, ou sa neutralité sous le protectorat de la France. Quelles sont les raisons qui militent pour ou contre chacune de ces solutions ?

*
* *

La réunion à la Belgique.

Cette solution ne manque pas de bases historique et juridique. Les deux pays ont été longtemps unis dans les divers partages qui ont été faits de la Lotharingie. Le duché a une situation intermédiaire entre la Haute-Lorraine qui est française et la Basse-Lorraine ou Lothier d'où est sortie la Belgique. Il a presque toujours suivi le sort de cette nation : il a appartenu comme elle à l'Empire germanique, à la maison de Bourgogne, à la maison de Habsbourg, à la France sous la Révolution et l'Empire ; il a fait avec elle partie du royaume des Pays-Bas de 1815 à 1830 ; il s'est révolté avec elle contre la Hollande. Une moitié du pays a été donnée à la Belgique en 1830 et forme depuis lors le Luxembourg belge : l'autre moitié compléterait harmonieusement cette province. L'Europe pourrait donc l'offrir au roi Albert. Quant au droit de la maison de Nassau nous en parlerons plus loin.

Mais les mêmes raisons qui font hésiter la Belgique à prendre Cologne pourraient aussi la faire reculer devant l'annexion du Luxembouq. Et puis, à parler franchement, il nous semble que ses droits et ses intérêts le cèdent ici à ceux de la France.

*
* *

L'annexion par la France.

L'annexion par la France aurait pour elle un droit historique et l'intérêt de notre défense nationale.

Le Luxembourg fut d'abord gaulois pendant des siècles et jusqu'à la fin de l'époque carolingienne. Au xvᵉ siècle il échappa à l'Empire germanique pour passer à la maison française de Bourgogne, puis, par l'héritière de cette maison, à celle de Habsbourg. Une partie du pays, qui comprenait

Thionville et Montmédy, nous fut cédée en 1659 par le traité des Pyrénées. En 1684, Louis XIV s'empara de la ville même de Luxembourg dont Vauban fit la place la plus forte de l'Europe. Après treize ans de possession, Louis XIV la retrocéda avec regrets à l'Espagne au traité de Ryswick en 1697.

Vauban s'intéressait vivement à la possession du Luxembourg. Quand la ville tomba en notre pouvoir en 1684, il fit éclater son enthousiasme en ces termes : « C'est la plus glorieuse conquête que le roi ait jamais faite, qui mettra notre frontière en tel état que les Allemands ne pourront jamais attaquer le royaume par ce côté-là. » Quand nous dûmes abandonner la place en 1697, Vauban en conçut un profond chagrin et la plus vive indignation : « Nous fournissons, écrivait-il, à nos ennemis de quoi nous donner les étrivières... Nous perdons pour jamais l'occasion de nous borner par le Rhin. »

Nous avons de nouveau possédé le Luxembourg pendant vingt ans sous la Révolution et sous l'Empire. Il formait alors le département des Forêts.

Il nous fut enlevé en 1815 et fit partie, avec la Belgique et la Hollande, du royaume des Pays-Bas. En 1831, après la révolution de Belgique, il fut partagé, comme nous l'avons vu, entre ce pays et la Hollande. Le roi de Hollande, Guillaume I⁰ʳ, garda une partie du Luxembourg avec le titre de grand-duc. Mais la ville faisait militairement partie de la Confédération germanique et avait une garnison allemande. En 1842, le Luxembourg entra dans le Zollverein et par là se germanisa de plus en plus. En 1866, la Confédération germanique ayant été dissoute, Napoléon III demanda le retrait des troupes allemandes et songea à obtenir de la Hollande la cession du grand-duché. La guerre faillit à cette occasion éclater en 1867 entre la France et la Prusse. Mais, la même année, la Conférence de Londres neutralisa le Luxembourg, sous la garantie des grandes puissances et sous la souveraineté personnelle de Guillaume III, roi de Hollande.

L'Allemagne continua cependant à tenir ce petit pays sous sa tutelle. En 1871, elle acquit l'exploitation de ses chemins de fer.

En 1890, Guillaume III étant mort sans héritier mâle, le Luxembourg passa par droit de succession à son parent Adolphe de Nassau. Ce prince avait été, en 1866, dépouillé de ses États héréditaires par la Prusse contre laquelle il s'était déclaré pendant la guerre d'Autriche. Mais, en 1890, la Prusse ne s'opposa point à ce qu'il recueillît l'héritage du roi de Hollande et cette gracieuseté amena une réconciliation entre les Nassau et les Hohenzollern. La Grande-Duchesse actuelle, Marie, est la fille d'Adolphe.

Voilà donc un pays qui pendant longtemps et à plusieurs reprises a été français et qui est aujourd'hui prussianisé. Il y a là un danger. Si la citadelle de Vauban a été démantelée en 1867, la position stratégique de la ville est toujours très importante.

Elle barre le chemin entre Meuse et Moselle. Elle ouvre ou ferme l'accès de l'Argonne, de Châlons et de Paris.

En 1792, le duc de Brunswick partit de Coblence, remonta la Moselle, masqua à sa gauche la Lorraine par un corps de troupes et, choisissant Luxembourg comme base d'opération, se lança de là par Longwy et Verdun vers le cœur de la Champagne.

En 1914, les Allemands, en violant le territoire du Grand-Duché, ont prouvé qu'il avait gardé son importance militaire pour ou contre nous. C'est donc pour la France une impérieuse nécessité de s'en emparer ou du moins d'empêcher qu'il ne reste au pouvoir de l'Allemagne.

L'éviction de la Maison de Nassau.

L'annexion du Luxembourg à la Belgique ou à la France emporterait tout d'abord l'éviction de la maison de Nassau. Mais serait-ce là un geste bien élégant ? Ne serait-ce pas une violence peu en harmonie avec nos habitudes chevaleresques et même avec nos principes de justice et de liberté ?

On peut répondre à cette objection par un argument topique. Guillaume Ier n'a pas hésité un instant en 1866 à dépouiller de ses États héréditaires cette maison de Nassau, une des plus anciennes et des plus fameuses de l'Europe,

simplement parce qu'elle s'était déclarée pour
l'Autriche contre la Prusse. Il chassa brutalement
Adolphe et s'annexa son duché. Il est vrai que,
en 1890, Adolphe ayant hérité de son parent le roi
Guillaume III de Hollande le grand-duché de
Luxembourg, la Prusse daigna lui permettre
d'entrer en possession de cet héritage. Les deux
familles se réconcilièrent à cette occasion, mais le
Hohenzollern roublard garda sa proie de la rive
droite en permettant au Nassau de s'installer sur
la rive gauche.

Dès lors pourquoi la France serait-elle plus
galante que l'Allemagne envers une famille allemande ? Pourquoi serait-elle tenue de dédomma-
ger des Teutons du tort que leur ont fait d'autres
Teutons ? Si les Nassau ont un droit dynastique,
c'est avant tout sur la vieille principauté d'où ils
tirent leur nom et sur laquelle ils ont régné
sept cents ans. Que la Prusse leur rende ce qu'elle
leur a volé sur la rive droite et qu'elle nous laisse
la rive gauche qui ne lui appartient pas. Si les
diplomates tiennent à ne pas contrister la Grande-
Duchesse Marie, ils n'auraient qu'à condamner
Guillaume à lui restituer le duché de Nassau.

Le droit de cette princesse sur le Luxembourg
découle de celui de la maison royale de Hollande,
branche cadette de la maison de Nassau. Or si l'on
pèse ce droit hollandais, il est permis de le trouver
fort léger. C'est en 1815 que l'Europe, sous l'influence de la Prusse, enleva le Luxembourg à la
France pour l'offrir au souverain des Pays-Bas.

Elle ne fit pas tant de façons pour nous dépouiller. Pourquoi en 1915 aurions-nous plus de scrupules, si nous jugeons que la possession d'un pays qui fut nôtre si longtemps est aujourd'hui indispensable à notre sécurité ?

Une autre raison pourrait s'ajouter à celles que nous venons d'exposer de remercier la dynastie régnante : c'est l'attitude qu'elle a prise avec son gouvernement dans la guerre actuelle. On a dit que, sous les dehors d'une résistance et d'une protestation pour la forme, elle a eu des complaisances excessives pour les envahisseurs. On a critiqué certaines démarches de M. Eyschen, le ministre omnipotent, et la facilité avec laquelle la jeune Grande-Duchesse a accepté les compensations offertes par l'Allemagne et les bouquets de roses de Guillaume II. Il lui était peut-être difficile de refuser des fleurs, mais s'il est vrai que le grand-duché a manqué aux devoirs d'une loyale neutralité, ce serait sans doute un facteur important qui légitimerait des représailles et surtout des mesures de prudence pour l'avenir. Toutefois, il est difficile au public de savoir la vérité à cet égard et il est possible qu'il n'y ait là que des bruits malveillants : or, des on-dit ne peuvent baser une action politique digne et sérieuse. Les gouvernements alliés savent sans doute mieux que nous à quoi s'en tenir sur la loyauté du gouvernement luxembourgeois, et leur sagesse en tiendra compte dans la mesure qui convient.

Mais les autres raisons que nous avons données,

et qui sont d'un ordre plus élevé et plus général, suffisent à motiver notre reprise de ce pays, si les Alliés jugent à propos de la décider. Je sais bien, comme l'a dit le poète, qu'il ne faut pas frapper une femme, même avec une fleur ; mais serait-ce frapper la Grande-Duchesse que de la reconduire triomphalement à la frontière et de l'envoyer régner au delà du Rhin sur la principauté de ses pères ? Nous pourrions au besoin ajouter quelques roses de consolation à celles que lui a offertes l'ami Guillaume.

*
* *

Le droit de la population.

Il reste un problème qui ne semble pas difficile à résoudre, c'est le droit de la population. Il est certain qu'elle déteste les Prussiens et sera heureuse de toute mesure qui la soustraira à leur domination. Cette haine s'est singulièrement accrue pendant cette guerre, où ils ont traité le Luxembourg en pays conquis. Au contraire, la population a des sympathies anciennes et profondes pour la France.

La preuve absolue, éclatante, magnifique, que le Luxembourg est francophile, c'est, si le fait rapporté par la *Luxemburger Zeitung* est exact, que la plupart de ses jeunes gens en âge de porter les armes, 8.678 sur 220.000 habitants, ont pris du service comme volontaires dans l'armée française. Dans toutes les villes qu'ils ont traversées pour aller de Bayonne au front, ils ont été chaleureusement accueillis au cri de : *Vive le Luxembourg !* auquel ils répondaient par celui de : *Vive la France !* Le même fait a été certifié par un journal de Trèves, la *Trierische Landeszeitung*, et ce journal ajoute que, d'après un communiqué de Berlin, *il n'y a pas de volontaires luxembourgeois dans l'armée allemande.*

Le chiffre que nous venons de donner a été contesté, je le sais : on a fait observer que le Luxembourg n'a qu'une armée régulière de 250 hommes. Cette raison ne prouve rien. Si le grand-duché n'a que 250 soldats, c'est qu'il n'a pas besoin d'en avoir davantage. Mais un pays peut facilement donner 12 % de sa population au service militaire. Le Luxembourg compte 220.000 habitants ; en défalquant de ce nombre 20.000 étrangers, c'est 24.000 soldats qu'il peut fournir. Il n'est donc pas *impossible* qu'il nous ait envoyé 8.678 volontaires.

MM. Franc-Nohain et Paul Delay, dans leur *Histoire Anecdotique de la Guerre*, parlent de 800 Luxembourgeois engagés à Paris, dans la seule journée du 21 août 1914. Mais il faut ajouter à ce nombre ceux qui se sont fait inscrire à Paris même, les jours suivants, puis ceux qui se sont enrôlés en province, surtout dans nos grandes villes industrielles où il y a beaucoup d'étrangers, et enfin tous ceux qui ont pu venir depuis lors de leur pays, et nous savons qu'ils ont eu toute facilité pour passer par la Suisse ou la Hollande. Ces trois données doivent majorer sensiblement le chiffre initial de 800. D'ailleurs nous ne voyons pas quel intérêt l'Allemagne, s'il est vrai qu'elle a inspiré ces articles, aurait à faire savoir qu'elle est aussi haïe au Luxembourg que la France y est aimée.

Néanmoins le chiffre donné est relativement si considérable que nous le mentionnons sous toutes réserves. Il ne semble pas d'autre part qu'il puisse être abaissé au-dessous de plusieurs milliers, et c'est déjà une preuve indéniable de l'amour que l'on a pour la France dans le Luxembourg.

Un des catholiques les plus éminents du grand-duché, M. Prüm, que j'ai eu l'honneur de connaître en Belgique et qui est devenu, depuis, mon collègue au Comité permanent des Congrès Eucharistiques internationaux, était un intellectuel de culture germanique. Son aversion pour la politique anticléricale, où il voyait une importation française, avait même fait de lui un antifrançais convaincu. Mais les atrocités et les impiétés commises par les Allemands en Belgique lui ont ouvert les yeux. Il a été surtout révolté par les déclarations de M. Erzberger, leader du Centre allemand, où suc le pangermanisme le plus éhonté, le plus barbare, le plus monstrueusement orgueilleux. Il lui a écrit une lettre ouverte où il lui démontre que ses principes sont incompatibles avec la doctrine catholique. Sur une plainte de l'intéressé, la lettre a été poursuivie par le procureur général du Luxembourg. Mais rien n'a plus servi que ce procès à rendre M. Prüm populaire, les Allemands odieux et le parti français puissant au Luxembourg.

La population luxembourgeoise parle, il est vrai, en majorité, un dialecte germanique, mais, comme pour l'Alsace, ce n'est pas un obstacle à la francisation. Le français est la langue officielle. La bourgeoisie et la noblesse se servent des deux langues et envoient leurs enfants dans les pensions de Paris ou de Bruxelles. Le peuple pourra donc continuer à parler allemand, comme les Alsaciens, et à aimer nos institutions.

Quant à la dynastie tudesque dont il jouit depuis 1890 par la grâce des Hohenzollern, il y a lieu de croire qu'il n'a pour elle qu'un loyalisme peu profond. Et il doit se rendre compte, après l'odieuse violation de son territoire en août 1914, de l'avantage qu'il y aurait pour lui à faire partie d'une grande nation comme la France.

⁂

Le protectorat de la France.

Si, pour des raisons supérieures, les Alliés rejetaient les deux solutions précédentes, il est une combinaison qui pourrait encore sauvegarder tous les intérêts et écarter le péril germanique : ce serait la neutralisation du Luxembourg sous le protectorat de la France, soit que l'on garde la maison de Nassau, soit qu'on l'écarte et qu'on la remplace par un gouvernement républicain ou autre. Ce protectorat pourrait d'ailleurs n'être qu'un régime de transition qui préparerait les voies à une prochaine incorporation du pays à la France.

XIV

CONCLUSION

Pas de paix boiteuse et essouffiée.

(M. POINCARÉ.)

Je ne suis qu'un simple citoyen français, mais ce titre me donne le droit de dire ce que j'estime utile et nécessaire au bien de mon pays, et c'est pourquoi je me suis permis de dédier ces pages aux négociateurs de la paix future. Je les adjure de se pénétrer de notre droit historique et de notre intérêt national en ce qui concerne la rive gauche du Rhin et de ne pas hésiter à réclamer notre dû.

Ils devront accomplir une œuvre colossale, grandiose d'où dépendront pour des siècles la splendeur et la sécurité de la France ; ils auront à reconstruire une Europe nouvelle sur les bases de l'ordre et de la justice. Le sort de l'Alsace-Lorraine est la première question qui se présentera à eux. Ils la trancheront évidemment dans le sens indiqué par les déclarations de MM. Poincaré et Viviani, en réunissant de nouveau ces petites Frances à la grande France. Mais la question des autres provinces rhénanes vient immédiatement après, et une solution semblable s'impose à la conscience de nos diplomates.

Certains hommes politiques chercheront à les

influencer dans un sens contraire, en leur criant :
« *Pas de conquêtes ! pas d'annexions !* » Qu'ils
restent sourds à ces suggestions antipatriotiques !
Nous ne leur demandons pas de nous attribuer les
terres d'autrui, mais de reprendre les nôtres, de
refaire, suivant l'expression de Vauban, « *notre
pré carré* », comme il l'était au temps de Clovis,
de la Révolution et du premier Empire.

J'adjure les hommes politiques et les publicistes
socialistes qui repoussent toute annexion de
considérer qu'ils vont contre le programme tradi-
tionnel de la Révolution et de la Démocratie depuis
plus de cent ans. Qu'ils relisent les discours
prononcés à la Convention ; ils verront que l'idée
fixe des plus célèbres révolutionnaires fut de réunir
toute la rive gauche du Rhin à la France ; ils prétendaient que ce n'était pas là une annexion ou
une conquête proprement dite, mais une restitution ou une reprise de notre bien. Ainsi pensaient
Danton, Carnot, Sieyès, Cambacérès, Dubois-
Crancé, Merlin de Douai, Grégoire (1).

Telle a été aussi l'opinion de Victor Hugo, des
historiens de l'école libérale ou révolutionnaire,
comme Thiers, Henri Martin, Louis Blanc, Edgar
Quinet, et de la plupart des publicistes et des
hommes politiques du xixᵉ siècle, Armand Carrel,
Armand Marrast, Barbès, Blanqui, Émile de
Girardin. Les mânes des grands ancêtres frémi-

(1) Voir plus haut dans le chapitre VIII : *Politique de la
Convention.*

raient d'indignation contre les épigones qui renieraient leur programme.

Si les Allemands étaient vainqueurs, ils n'hésiteraient pas à s'annexer une partie de notre pays sur lequel ils n'ont aucun droit historique. Leurs écrivains militaires les plus célèbres, le général von Klausewitz, le général Bronsart de Schellendorf, le général Bernhardi nous ont dit clairement que l'Allemagne entendait nous prendre à la prochaine guerre le nord de la France, de la Somme à la Loire, la Picardie, la Champagne, la Bourgogne et la Franche-Comté. Le comte Bernstorff, ambassadeur allemand aux États-Unis, déclarait que son pays nous enlèverait tous les territoires situés au nord et à l'est d'une ligne tirée de Saint-Valery à Lyon, soit un bon tiers de la France, y compris Paris.

Nous ne devons donc pas hésiter à reprendre à ces insatiables bandits le sol qu'ils nous ont enlevé, et qui est nécessaire à notre défense nationale. Ce serait une folie, un crime, de ne pas assurer à la France les garanties nécessaires à la défense de son droit et de son territoire. *Pas de paix boiteuse et essoufflée!* comme le disait M. Poincaré! Pas de modestie insensée qui nous remettrait bientôt sur les bras une guerre plus terrible que celle-ci, et nous ferait maudire et mépriser de la postérité!

Une occasion va se présenter à nous, unique dans l'histoire, d'accomplir un acte dont le retentissement sera immortel. Nous souffrons de l'abominable traité de Francfort qui nous arracha l'Alsace et la Lorraine ; nous souffrons des traités de 1815 qui nous enlevèrent les provinces rhénanes inférieures ; nous souffrons même, après plus de mille ans, du traité de Verdun qui démembra pour la première fois notre patrie. Que le prochain traité répare pour mille ans, si c'est possible, toutes ces erreurs et toutes ces fautes. Reprenons nos anciennes provinces, l'Alsace, la Lorraine et la France rhénane, — et que nos sentinelles montent éternellement la garde sur le Rhin !

836-15. — Paris, Imp. des Orphelins-Apprentis d'Auteuil, 40, rue La Fontaine.

PARIS (VIe)
Librairie de P. LETHIELLEUX, Éditeur
10, rue Cassette, 10

ŒUVRES DE M. L'ABBÉ COUBÉ

GLOIRES ET BIENFAITS DE L'EUCHARISTIE

In-8 écu.. **3.50**

GLOIRES ET BIENFAITS DE LA SAINTE VIERGE

In-8 écu.. **3.50**

GLOIRES ET BIENFAITS DES SAINTS

In-8 écu.. **3.50**

NOS ALLIÉS DU CIEL

In-8 écu.. **3.00**

DISCOURS DE MARIAGE

In-8 écu.. **3 fr.**

Ce recueil de seize discours de M. l'abbé Coubé expose la doctrine catholique sur la nature et la dignité du sacrement de mariage, les devoirs qu'il impose aux chrétiens, les grâces qu'il leur confère. Il les met en garde contre les opinions courantes destructives de la foi conjugale et les fins de cette institution divine. Inutile de dire que prononcés dans des églises, ils peuvent être mis entre toutes les mains. Les prêtres surtout y trouveront une aide pour les discours analogues qu'ils auront à composer. C'est d'ailleurs à la demande de plusieurs d'entre eux, qui en ont eu connaissance, que ces discours, imprimés à part pour les familles intéressées, ont été réunis en volume.

Titre des discours :

La Pensée de Dieu dans le Mariage. — L'Épée, la Plume et la Croix. — L'Amour du Devoir. — Dieu, France et Marguerite. — Le Mariage du Marin. — Le Culte de la beauté. — Sur la mer de Tibériade. — Sois Féal! *Sursum Corda!* — Le Mariage de la Sainte Vierge. — A Cana de Galilée. — Le Mariage du jeune Tobie. — Le Mariage de Rébecca. — A Dieu vat! — La Lutte pour la Vie. — Un coin de Ciel bleu. — La Chambre nuptiale.

PARIS (VIᵉ)
Librairie de P. LETHIELLEUX, Éditeur
10, rue Cassette, 10

ŒUVRES DE M. L'ABBÉ COUBÉ (Suite)

L'AME DE JEANNE D'ARC

In-8 écu.. 4 fr.

JEANNE D'ARC ET LA FRANCE

In-8 écu.. 2 fr.

L'ÉPOPÉE DE JEANNE D'ARC

EN DIX CHANTS, par l'abbé S. COUBÉ
EN DIX TABLEAUX, par le Commandant LIÉNARD

In-8 écu.. 2 fr.

C'est une vie de Jeanne distribuée en dix chapitres qui forment comme les dix chants d'une épopée en prose et illustrée par dix belles gravures en couleurs du Commandant Liénard. Ces gravures, finement exécutées, sont de petits chefs-d'œuvre aux tonalités les plus opposées et les plus brillantes, depuis les effets de neige de la plaine de Vaucouleurs jusqu'aux rouges lueurs des torches embrasant les rues d'Orléans. Le texte de M. l'abbé Coubé en offre un commentaire tout vibrant de patriotisme.

Alsace, Lorraine et France rhénane

EXPOSÉ DES DROITS HISTORIQUES
DE LA FRANCE
SUR TOUTE LA RIVE GAUCHE DU RHIN

In-12.. 2 fr.

Les Gloires de la France
et les Crimes de l'Allemagne

ANTAGONISME SÉCULAIRE
DE LA FRANCE ET DE L'ALLEMAGNE

In-12.. 3.50